B 225

LE CURÉ DE VILLAGE.

I.

Acq Cobourg

OUVRAGES DU MÊME AUTEUR:

PIERRETTE LORRAIN, 2 vol. in-8............	15 »
LE LIVRE DES DOULEURS, 5 vol. in-12........	15 »
BÉATRIX, ou LES AMOURS FORCÉS, 2 vol. in-8.	16 »
LE CABINET DES ANTIQUES, 2 vol. in-8.......	16 »
UN GRAND HOMME DE PROVINCE, **BERTHE LA REPENTIE,** ...... } 3 vol. in-8.	22 50
UNE FILLE D'ÈVE, 2 vol. in-8..............	16 »
LES CONTES DROLATIQUES, 3 vol. in-8.......	22 50
LA PRINCESSE PARISIENNE, (faisant partie du *Foyer de l'Opéra*, première partie) 2 vol. in-8.......	15 »
ROMANS, CONTES ET NOUVELLES, 20 vol. in-12.	60 »

* * * * * *

DOM GIGADAS, 2 vol. in-8. (inédit).........	15 »
L'ISRAELITE, 2 vol. in-8.................	15 »
LE VICAIRE DES ARDENNES, 2 vol. in-8.....	15 »
ARGOW LE PIRATE, 2 vol. in-8...........	15 »
LA DERNIERE FEE, 2 vol. in-8............	15 »
LE SORCIER, 2 vol. in-8.................	15 »
L'EXCOMMUNIÉ, 2 vol. in-8..............	15 »
JANE LA PALE, 2 vol. in-8...............	15 »

Sous Presse :

MEMOIRES DE DEUX JEUNES MARIÉES, 2 v. in-8.................	15 »
(Ouvrage complétement inédit.)	
DEUX ROMANS NOUVEAUX...........	

Par Henri Monnier et Élie Berthet.

MONSIEUR LE CHEVALIER DE CLERMONT,
2 vol. in-8.....................
UN ROMAN NOUVEAU, 2 vol. in-8........

Par Michel Masson.

EMMANUEL, 2 vol. in-8..............

Sceaux, Impr. E. Dépée.

LE
CURÉ DE VILLAGE

SCÈNE DE LA VIE DE CAMPAGNE.

PAR

H. de Balzac.

1

PARIS,

HIPPOLYTE SOUVERAIN, ÉDITEUR

de F. Soulié, de Balzac, J. Lecomte, A. de Bast, Gozlan, A. Brot, Luchet, etc.

Rue des Beaux-Arts, 5.

1841

PRÉFACE.

Si cet ouvrage est complet relativement à ce qu'on appelle aujourd'hui le Drame, il est évidemment mutilé dans ce qu'on appellera dans tous les temps la Morale. Il ne s'agissait pas tant ici, de même que dans toutes *les Scènes de la vie de campagne*, de raconter une histoire que de répandre des vérités neuves et utiles, si toutefois il est des vérités neuves; mais les tentatives insensées de notre époque n'ont-elles pas rendu tout le charme de la nouveauté à des vérités vieilles?

Ainsi dans le plan de l'auteur, ce livre, loin d'offrir l'intérêt romanesque, assez avidement recherché par les lecteurs et qui fait tourner vivement les pages d'un in-octavo qu'on ne relit plus, une fois le secret connu, lui paraissait si peu intéressant pour le gros du public, qu'il a semblé nécessaire de le relever par une conception dramatique, empreinte des caractères de la vérité, mais en harmonie avec le ton de l'ouvrage. Deux immenses difficultés desquelles le lecteur se soucie fort peu! Aussi n'est-ce pas tant au public que l'auteur s'adresse ici qu'au petit nombre de ceux à qui les Lettres sont encore chères, et qui étudient les moyens nouveaux de la Poétique moderne. En effet, si l'ouvrage auquel *le Curé de village* servira peut-être un jour de pendant, pour employer une expression vulgaire qui explique tout, si le *Médecin de campagne* est l'application de la philanthropie moderne à la civilisation, celui-ci devait être l'application du repentir catholique. Ainsi, *le Curé de village* devait être une œuvre supérieure à l'autre, et comme plan, et comme idées, et comme images, et comme exécution : la religion n'est-elle pas plus grande que la philanthropie ? elle est divine, l'autre est purement humaine. Dès-lors le *Curé de village* était évidemment plus difficile et voulait plus d'études, des conceptions creusées jusqu'au vif et cachées sous des formes simples. Toute œuvre, quelque grande et poétique que vous l'imaginiez, est facile à exécuter, en comparaison d'un ouvrage religieux à jeter au milieu d'un peuple ou indifférent ou incrédule, et convié par des gens illustres à de nouvelles révolutions. Les théories politiques qui ressortissent au sujet doivent d'ailleurs être plus hardies encore que celles du *Médecin de campagne*, eu égard au temps où nous vivons. L'homme qui a la charge des âmes admet nécessairement moins de transactions que l'homme chargé du corps. Par quels moyens le curé Bonnet a-t-il fait d'une population mauvaise, arriérée, sans croyances, vouée aux méfaits et même au crime, une population animée du meilleur esprit, religieuse, progressive, excellente? Là, certes était le livre. Expliquer les hommes qui le secondèrent, les peindre, donner surtout leur intime pensée et la leur laisser développer, tel était le sens de cette composition.

Plus d'un lecteur pensera que l'auteur n'a pas groupé autour de la figure de Véronique, des personnes telles que le curé Bonnet, l'archevêque Dutheil, Clousier, Gérard, Roubaud, Grossetête et Ruffin, pour n'en faire que des comparses. Donc il existe, dans l'ordre moral seulement et non dans l'ordre dramatique, une solution de continuité que remarqueront peut-être les personnes qui s'intéressent à ces questions de haute morale et de politique religieuse. Cette lacune se trouve avant le chapitre intitulé *le Coup de grâce.* Jusqu'à l'arrivée de Véronique à Montégnac, les événements ne sont évidemment que les préliminaires du vrai livre. Le principal personnage est monsieur Bonnet, autour duquel les personnages doivent graviter ; tandis que, dans l'ouvrage tel qu'il est publié, le curé ne joue qu'un rôle secondaire. Pour ceux qui s'apercevront de cette lacune et qui sympathiseront avec les pensées long-temps méditées qui ont dicté *le Curé de village,* l'auteur avoue avoir réservé un livre dont la place se trouve entre l'arrivée de tous les personnages sur la scène et la mort de madame Graslin. Ce livre contient la conversion au catholicisme de l'ingénieur protestant, l'exposition des doctrines de la monarchie pure, tirée des choses si éloquentes de la vie au fond des campagnes, divers épisodes où, comme dans celui de Farrabesche, le curé Bonnet se voit à l'œuvre, qui servent à expliquer les moyens employés par lui pour réaliser son projet évangélique, et parmi lesquels l'auteur regrette particulièrement *la première communion au village, le cathéchisme fait par le curé, la classe des frères des écoles chrétiennes, etc.*

Les raisons de cette omission, tristes d'ailleurs, tiennent à des causes de nature à rester cachées; mais peut-être n'est-il pas inutile de dire que l'état où le défaut de protection a mis la librairie dite *de nouveautés*, y est pour beaucoup. Peut-être est-ce un devoir, et dans les intérêts d'autres écrivains qui souffrent, d'expliquer qu'en 1840, il est presque impossible à cette librairie de publier un ouvrage en trois volumes, où de graves questions de morale, de politique, de philosophie et de religion l'emportent en étendue sur la partie purement romanesque. Qu'on ne se lasse pas, jusqu'à ce qu'elle soit réparée, d'accuser cette faute du temps et le constant oubli des intérêts les plus vivaces de ce pays qui, durant la paix, agit autant par la plume de ses écrivains qu'il agit, durant la guerre, par l'épée de ses soldats. Jamais les classes lettrées n'ont été plus malheureuses en France que depuis le jour où des écrivains ont été mis à la tête des affaires, et cela se comprend : on ne craint bien que ce qu'on connaît le mieux, et l'on déguise sa crainte par un mépris affecté.

Pour ce qui est de l'ouvrage dans son état actuel, il a son sens, l'histoire y est complète, et peut-être trouvera-t-on qu'elle est une des plus touchantes parmi celles que l'auteur a inventées. La figure de madame Graslin peut soutenir la comparaison avec madame de

Mortsauf du *Lys dans la Vallée*, avec la Fosseuse du *Médecin de Campagne*. Le lecteur et le libraire n'ont donc pas à souffrir de cette secrète imperfection. Aussi peut-être cet ouvrage restera-t-il ainsi, car l'épisode de Farrabesche suffit à faire comprendre les moyens employés par le curé pour changer le moral de sa paroisse, et peut-être est-ce assez qu'on les entrevoie.

Paris, février 1841.

DÉDICACE

A Hélène.

La moindre barque ne se lance pas à la mer, sans que les marins ne la mettent sous la protection de quelque vivant emblême ou d'un nom révéré; soyez donc, madame, à l'imitation de cette coutume, la patrone de cet ouvrage lancé dans notre océan littéraire, et puisse-t-il être préservé de la bourrasque par ce nom impérial que l'Église a fait saint, et que votre amitié dévouée a doublement sanctifié pour moi.

DE **BALZAC.**

LE CURÉ DE VILLAGE.

CHAPITRE PREMIER.

Les Sauviat.

Dans le Bas-Limoges, au coin de la rue de la Vieille Poste et de la rue de la Cité, se trouvait, il y a vingt ans, une de ces boutiques auxquelles il semble que rien n'ait été changé depuis le moyen-âge. De grandes dalles cassées en mille endroits, posées sur le sol qui se montrait humide par places, auraient fait tomber quiconque n'eût pas observé les creux et les élévations de ce singulier carrelage. Les murs poudreux laissaient voir une bizarre mosaïque de bois et de briques, de pierres et de fer tassés avec une solidité due au temps, peut-être au hasard. Le plancher, composé de poutres colossales, pliait depuis plus de cent ans sans rompre sous le poids des étages supérieurs. Bâtis en colombage, ces étages étaient à l'extérieur couverts en ardoises clouées de manière à dessiner des figures géométriques, et offraient la naïve image des constructions bourgeoises du vieux temps. Aucune des croisées encadrées de bois, jadis brodées de sculptures aujourd'hui détruites par les intempéries de l'atmosphère, ne se tenait d'aplomb : les unes donnaient du nez, les autres rentraient, quelques-unes voulaient se disjoindre ; toutes avaient du terreau

apporté on ne sait comment dans les fentes
creusées par la pluie, et d'où s'élançaient au
printemps quelques fleurs légères, de timides
plantes grimpantes et des herbes grêles. La
mousse veloutait les toits et les appuis. Le
pilier du coin, quoiqu'en maçonnerie com-
posite, c'est-à-dire de pierres mêlées de briques et de cailloux, effrayait le regard par sa
courbure. Il paraissait devoir céder quelque
jour sous le poids de la maison dont le pignon
surplombait d'environ un demi pied. Aussi
l'autorité municipale et la grande voirie firent-
elles abattre cette maison après l'avoir achetée, afin d'élargir le carrefour. Ce pilier, situé
à l'angle des deux rues, se recommandait aux
amateurs d'antiquités limousines par une jolie
niche sculptée où se voyait une vierge mutilée
pendant la révolution. Les bourgeois à
prétentions archéologiques y remarquaient
les traces de la marge en pierre destinée à recevoir les chandeliers où la piété

publique allumait des cierges, mettait ses ex-voto et des fleurs.

Au fond de la boutique, un escalier de bois vermoulu conduisait aux deux étages supérieurs surmontés d'un grenier. La maison, adossée aux deux maisons voisines, n'avait point de profondeur, et ne tirait son jour que des croisées. Chaque étage ne contenait que deux petites chambres, éclairées chacune par une croisée, donnant l'une sur la rue de la Cité, l'autre sur la rue de la Vieille-Poste.

Au moyen-âge, aucun artisan n'était mieux logé. Cette maison avait évidemment appartenu jadis à des faiseurs d'haubergeons, à des armuriers, à des couteliers, à quelques maîtres dont le métier ne haïssait pas le plein air. Il était impossible d'y voir clair sans que les volets ferrés fussent enlevés; sur chaque face, ou de chaque côté du pilier, il y avait une porte, comme dans beaucoup de magasins situés au coin de deux rues.

A chaque porte, après le seuil en belle pierre usée par les siècles, commençait un petit mur à hauteur d'appui, dans lequel était une rainure répétée à la poutre d'en haut sur laquelle reposait le mur de chaque façade. Depuis un temps immémorial on glissait de grossiers volets dans cette rainure, on les assujétissait par d'énormes bandes de fer boulonnées; puis, les deux portes une fois closes par un mécanisme semblable, les marchands se trouvaient dans leur maison comme dans une forteresse.

En examinant l'intérieur que, pendant les premières vingt années de ce siècle, les Limousins virent encombré de ferrailles, de cuivre, de ressorts, de fers de roues, de cloches et de tout ce que les démolitions donnent de métaux, les gens qu'intéressait ce débris de la vieille ville, y remarquaient la place d'un tuyau de forge, indiqué par une longue traînée de suie, détail qui confirmait les conjectures des archéologues sur la destination primitive de la boutique.

Au premier étage, était une chambre et une cuisine ; au second, deux chambres. Le grenier servait de magasin pour les objets plus délicats que ceux jetés pêle-mêle dans la boutique.

Cette maison, louée d'abord, fut plus tard achetée par un nommé Sauviat, marchand forain, qui, de 1792 à 1796, parcourut les campagnes dans un rayon de cinquante lieues autour de l'Auvergne, en y échangeant des poteries, des plats, des assiettes, des verres, enfin les choses nécessaire aux plus pauvres ménages, contre de vieux fers, des cuivres, des plombs, contre tout métal sous quelque forme qu'il se déguisât, Il donnait une casserole en terre brune de deux sous pour une livre de plomb, ou pour deux livres de fer, bêche cassée, houe brisée, vieille marmite fendue. Toujours juge en sa propre cause, l'Auvergnat pesait lui-même sa ferraille. Dès la troisième année, il joignit à ce commerce celui de la chaudronnerie.

En 1793, il put acquérir un château vendu nationalement, et le dépeça. Le gain qu'il fit, il le répéta sans doute sur plusieurs points de la sphère où il opérait. Plus tard, ces premiers essais lui donnèrent l'idée de proposer une affaire en grand à l'un de ses compatriotes à Paris. Ainsi, la Bande Noire, si célèbre par ses dévastations, naquit dans la cervelle du vieux Sauviat, le marchand forain que tout Limoges vit pendant vingt-sept ans dans cette pauvre boutique, au milieu de ses cloches cassées, de ses fléaux, de ses chaînes, de ses potences, de ses gouttières en plomb tordu, de ses ferrailles de toute espèce. On doit lui rendre la justice de dire qu'il ne connut jamais ni la célébrité, ni l'étendue de cette association ; il n'en profita que dans la proportion des capitaux qu'il avait confiés à la fameuse maison Brézac.

Fatigué de courir les foires et les villages, l'Auvergnat s'établit à Limoges, où il avait, en 1797, épousé la fille d'un chaudronnier veuf, nommé Champagnac. Quand mourut son beau-père, il acheta la maison où il avait établi d'une manière fixe son commerce de ferrailleur, après l'avoir exercé pendant trois ans encore en compagnie de sa femme dans les campagnes. Sauviat atteignait à sa cinquantième année quand il avait épousé la fille au vieux Champagnac, laquelle, de son côté, ne devait pas avoir moins de trente ans.

La Champagnac n'était ni belle, ni jolie; mais elle était née en Auvergne, elle avait cette grosse encolure qui permet aux femmes de résister aux plus durs travaux, elle accompagnait Sauviat dans ses courses, elle rapportait du fer ou du plomb sur son dos, et conduisait le méchant fourgon plein de poteries avec lesquelles son mari faisait une usure déguisée. Brune, colorée, jouissant d'une riche santé, la Champagnac montrait, en riant, des dents blanches, hautes et larges comme des amandes; elle avait le buste et les hanches de ces femmes que la nature a faites pour être mères; si cette forte fille ne s'était pas plus tôt mariée, il fallait attribuer son célibat au *sans dot* d'Harpagon que pratiquait son père, sans avoir jamais lu Molière.

Sauviat ne s'effraya point du sans dot; d'ailleurs, un homme de cinquante ans ne devait pas élever de difficultés, puis sa femme allait lui éviter la dépense d'une servante. Il n'ajouta rien au mobilier de sa chambre, où, depuis le jour de ses noces jusqu'au jour de son déménagement, il n'y eut jamais qu'un lit à colonnes, orné d'une pente découpée et de six rideaux en serge verte, un bahut, une commode, quatre fauteuils, une table et un miroir, le tout rapporté de différentes localités. Le bahut contenait dans sa partie supérieure une vaisselle en étain dont toutes les pièces étaient dissemblables.

Chacun peut imaginer la cuisine d'après la chambre à coucher.

Ni le mari, ni la femme ne savaient lire, léger défaut d'éducation qui ne les empêchait pas de compter admirablement et de faire le plus florissant de tous les commerces. Sauviat n'achetait aucun objet sans la certitude de pouvoir le revendre à cent pour cent de bénéfice. Pour éviter la tenue des livres et d'une caisse, il payait et vendait au comptant. Il avait d'ailleurs une mémoire si parfaite, qu'un objet, restât-il cinq ans dans sa boutique, sa femme et lui se rappelaient, à un liard près, le prix d'achat, enchéri chaque année des intérêts.

Excepté pendant le temps où elle vaquait aux soins du ménage, la Sauviat était toujours assise sur une mauvaise chaise en bois adossée au pilier de sa boutique, elle tricotait en regardant les passans, veillant à sa féraille et la vendant, la pesant, la livrant elle-même si Sauviat était en course pour des acquisitions.

A la pointe du jour, on entendait le férailleur travaillant ses volets, le chien se sauvait par les rues, et bientôt la Sauviat venait aider son homme à mettre sur les appuis naturels que les petits murs formaient rue de la Vieille-Poste et rue de la Cité, des sonnettes, de vieux ressorts, des grelots, des canons de fusils cassés, des brimborions de leur commerce qui servaient d'enseigne et donnaient un air assez misérable à cette boutique où souvent il y avait pour vingt mille francs de plomb, d'acier et de cloches. Jamais, ni l'ancien brocanteur forain, ni sa femme, ne parlaient de leur fortune, ils la cachaient comme un malfaiteur cache un crime.

On soupçonna long-temps Sauviat de rogner les louis d'or et les écus. Quand mourut

Champagnac, ils ne firent point d'inventaire, ils fouillèrent avec l'intelligence des rats tous les coins de sa maison, la laissèrent nue comme un cadavre, et vendirent eux-mêmes ses chaudronneries dans leur boutique.

Une fois par an, en décembre, Sauviat allait à Paris, et se servait de la voiture publique. Aussi, les observateurs du quartier présumaient-ils que pour dérober la connaissance de sa fortune, le férailleur opérait ses placemens lui-même à Paris. On sut plus tard que, lié dans sa jeunesse avec un des plus célèbres marchands de métaux de Paris, Auvergnat comme lui, il faisait prospérer ses fonds dans la caisse de la maison Brézac, la colonne de cette fameuse association appelée la Bande Noire, qui s'y forma, comme il a été dit, d'après le conseil de Sauviat, un des participans.

Sauviat était un petit homme gras, à figure fatiguée, doué d'un air de probité qui sédui-

sait le chaland. Cet air lui servait à bien vendre ;
la sécheresse de ses affirmations et la parfaite
indifférence de son attitude aidaient ses prétentions. Son teint coloré se devinait difficilement
sous la poussière métallique et noire qui saupou-
drait ses cheveux crépus et sa figure marquée de
petite vérole. Son front ne manquait pas de noblesse, il ressemblait au front classique prêté
par tous les peintres à Saint-Pierre, le plus rude,
le plus *peuple* et aussi le plus fin des apôtres. Ses
mains étaient celles du travailleur infatiga-
ble, larges, épaisses, carrées et ridées par des
espèces de crevasses solides. Son buste offrait
une musculature indestructible. Il ne quitta jamais son costume de marchand forain : gros
souliers ferrés, bas bleus tricotés par sa femme
et cachés sous des guêtres en cuir, pantalon
de velours vert bouteille, gilet à carreaux d'où
pendait la clé en cuivre de sa montre d'argent
attachée par une chaîne en fer que l'usage
rendait poli et luisant comme de l'acier, une

veste à petites basques en velours pareil au pantalon, puis autour du cou une cravate en rouennerie usée par la barbe qui la frottait. Pour les dimanches et jours de fête, Sauviat avait une redingote de drap marron si bien soignée, qu'il ne la renouvela que deux fois en vingt ans.

CHAPITRE DEUXIÈME.

Véronique.

La vie des forçats peut passer pour luxueuse comparée à celle des Sauviat, qui ne mangeaient de la viande qu'aux jours de fêtes carillonnées. Avant de lâcher l'argent des vivres nécessaires à leur subsistance journalière, la

Sauviat fouillait dans ses deux poches cachées entre sa robe et son jupon, et n'en ramenait jamais que de mauvaises pièces rognées, des écus de six livres ou de cinquante-cinq sous, qu'elle regardait avec désespoir avant d'en changer une. La plupart du temps, les Sauviat se contentaient de harengs, de pois rouges, de fromage, d'œufs durs mêlés dans une salade, de légumes assaisonnés de la manière la moins coûteuse. Jamais les Sauviat ne firent de provisions, excepté quelques bottes d'ail ou d'oignons qui ne craignaient rien et ne coûtaient pas grand chose. Le peu de bois qu'ils consommaient en hiver, la Sauviat l'achetait aux fagotteurs qui passaient, au jour le jour. A sept heures en hiver, à neuf heures en été, le ménage était couché, la boutique fermée et gardée par un énorme chien qui cherchait sa vie dans les cuisines du quartier. La mère Sauviat n'usait pas pour trois francs de chandelle par an.

La vie sobre et travailleuse des Sauviat fut animée par une joie, mais une joie naturelle, et pour laquelle ils firent leurs seules dépenses connues.

En 1802, la Sauviat eut une fille, elle s'accoucha toute seule, et vaquait aux soins de son ménage cinq jours après. Elle nourrit elle-même son enfant sur sa chaise, en plein vent, continuant à vendre la féraille pendant que sa petite tétait. Son lait ne coûtant rien, elle laissa téter pendant deux ans sa fille qui ne s'en trouva pas mal.

Véronique devint le plus bel enfant de la Basse-Ville, les passans s'arrêtaient pour la voir. Les voisines aperçurent alors chez le vieux Sauviat quelques traces de sensibilité dont on le croyait entièrement privé. Pendant que sa femme lui faisait à dîner, le marchand gardait entre ses bras la petite, et la berçait en lui chantonnant des refrains auvergnats. Les ouvriers le virent parfois immobile, regardant Véronique endormie sur les genoux de sa mère. Pour elle il adoucissait sa voix rude, il essuyait ses mains à son pantalon avant de la prendre. Quand Véronique essaya de marcher, le père se pliait sur ses jambes, et se mettait à quatre pas d'elle en lui tendant les bras, et lui faisant des mines qui contractaient joyeusement les plis métalliques et profonds de sa figure âpre et sévère. Cet homme de plomb, de fer et de cuivre redevint un homme de sang, d'os et de chair. Etait-il le dos appuyé contre son pilier, immobile comme une statue, un cri de Véronique l'agitait, il sautait à travers les férailles pour la trouver, car elle passa son enfance à jouer avec les débris de châteaux amoncelés dans les profondeurs de cette vaste boutique, sans se blesser jamais ; elle allait aussi jouer dans la rue ou chez les voisins, sans que l'œil de sa mère la perdit de vue.

Il n'est pas inutile de dire ici que les Sauviat étaient éminemment religieux. Au plus fort de la révolution, Sauviat observait le dimanche et les fêtes. A deux fois, il manqua de se faire couper le cou pour avoir été entendre la messe d'un prêtre non assermenté. Enfin, il fut mis en prison, justement accusé d'avoir favorisé la fuite d'un évêque, auquel il sauva la vie. Heureusement le marchand forain, qui se connaissait en limes et en barreaux de fer, put s'évader; mais il fut condamné à mort par contumace, et par parenthèse ne se présenta jamais pour la purger : il mourut mort.

Sa femme partageait ses pieux sentimens, et l'avarice des Sauviat ne cédait qu'à la voix de la religion. Les vieux férailleurs rendaient exactement le pain bénit, donnaient aux quêtes, et si le vicaire de Saint-Etienne venait chez eux pour demander des secours, Sauviat ou sa femme allait aussitôt chercher sans façons ni grimaces ce qu'ils croyaient être leur quote-part dans les aumônes de la paroiss se. La Vierge mutilée de leur pilier, fut toujours, dès 1799, ornée de buis à Pâques. A la saison des fleurs, les passans la voyaient fêtée par des bouquets rafraîchis dans des cornets de verre bleu, surtout depuis la naissance de Véronique. Aux processions, les Sauviat tendaient soigneusement leur maison de draps chargés de fleurs, et contribuaient à l'ornement, à la construction du reposoir, l'orgueil de leur carrefour.

Véronique Sauviat fut donc élevée chrétiennement. Dès l'âge de sept ans, elle eut pour institutrice une sœur grise auvergnate, à qui les Sauviat avaient rendu quelques petits services. Tous deux, assez obligeans tant qu'il ne s'agissait que de leur personne ou de leur temps, étaient serviables à la manière des pauvres gens qui se prêtent eux-mêmes avec une sorte de cordialité. La sœur grise enseigna la lecture et l'écriture à Véronique, elle lui apprit l'histoire du peuple de Dieu, le Catéchisme, l'Ancien et le Nouveau-Testament, quelque peu de calcul. Ce fut tout, la sœur crut que c'était assez, c'était déjà trop.

A neuf ans, Véronique étonna le quartier par sa beauté. Chacun admirait un visage qui pouvait être un jour digne du pinceau des peintres empressés à la recherche du beau idéal. Elle fut nommée *la Petite Vierge.* Elle promettait d'être bien faite et blanche. Sa figure de madone, car la voix du peuple l'avait bien nommée, fut complétée par une riche et abondante chevelure blonde qui faisait ressortir la pureté de ses traits. Quiconque a vu la sublime petite Vierge du Titien dans son grand tableau de la Présentation au Temple, saura ce que fut Véronique en son enfance : même candeur ingénue, même étonnement séraphique dans les yeux, même attitude noble et simple, même port d'infante.

A onze ans, elle eut la petite vérole, et ne

dut la vie qu'aux soins de la sœur Marthe. Pendant les deux mois que leur fille fut en danger, les Sauviat donnèrent à tout le quartier la mesure de leur tendresse. Sauviat n'alla plus aux ventes, il resta tout le temps dans sa boutique, montant chez sa fille, redescendant de momens en momens, la veillant toutes les nuits de compagnie avec sa femme. Sa douleur muette parut trop profonde pour que personne osât lui parler : les voisins le regardaient avec compassion, et ne demandaient des nouvelles de Véronique qu'à la sœur Marthe. Durant les jours où le danger atteignit au plus haut degré, les passans et les voisins virent pour la seule et et unique fois de la vie de Sauviat des larmes roulant long-temps entre ses paupières et tombant le long de ses joues creuses. Il ne les essuya point, il resta quelques heures comme hébété, n'osant point monter chez sa fille, regardant sans voir. On aurait pu le voler,

Véronique fut sauvée, mais sa beauté périt : sa figure, également colorée par une teinte où le brun et le rouge étaient harmonieusement fondus, resta frappée de mille fossettes qui grossirent sa peau dont la pulpe blanche avait été profondément travaillée. Le front ne put échapper aux ravages du fléau, il devint brun et demeura comme martelé. Rien n'est plus discordant que ces tons de brique sous une chevelure blonde, ils détruisent une harmonie préétablie. Ces déchirures du tissu, creuses et capricieuses, altérèrent la pureté du profil, la finesse de la coupe du visage, celle du nez dont la forme grecque se vit à peine, celle du menton, délicat comme le bord d'une porcelaine blanche. La maladie ne respecta que ce qu'elle ne pouvait atteindre : les yeux et les dents. Véronique ne perdit pas non plus l'élégance et la beauté de son corps, ni la plénitude de ses lignes, ni la grâce de sa taille. Elle fut à quinze ans une belle personne, et ce qui consola les Sauviat, une sainte et bonne fille, occupée, travailleuse, sédentaire.

A sa convalescence et après sa première communion, son père et sa mère lui donnèrent pour habitation les deux chambres situées au second étage. Sauviat, si rude pour lui et pour sa femme, eut alors quelques soupçons du bien-être. Il eut comme une vague idée de consoler sa fille d'une perte qu'elle ignorait. La privation de cette beauté qui faisait l'orgueil de ces deux êtres, leur rendit Véronique encore plus chère et plus précieuse.

Un jour, Sauviat apporta sur son dos un tapis de hasard, et le cloua lui-même dans la chambre de Véronique. Il garda pour elle, à la vente d'un château, le lit en damas rouge d'une grande dame, et les rideaux, les fauteuils, les chaises en même étoffe. Il meubla de vieilles choses, dont le prix lui fut toujours inconnu, les deux pièces où vivait sa fille. Il mettait des pots de réséda sur l'appui de la fenêtre, il rapportait de ses courses des rosiers, des œillets que lui donnaient sans doute les jardiniers ou les aubergistes.

Si Véronique avait pu faire des comparaisons et connaître le caractère, les mœurs, l'ignorance de ses parens, elle aurait su combien il y avait d'affection dans ces petites choses ; mais elle les aimait avec un naturel exquis et sans réflexion.

Véronique avait le plus beau linge que sa mère pouvait trouver chez les marchands. La Sauviat laissait sa fille libre de s'acheter pour ses vêtemens les étoffes qu'elle désirait. Le père et la mère étaient heureux de la modestie de leur fille qui n'avait aucun goût ruineux. Véronique se contentait d'une robe de soie bleue pour les jours de fêtes, et portait les jours ouvrables une robe de gros mérinos en hiver, d'indienne rayée en été.

Le dimanche, elle allait aux offices avec

son père et sa mère, à la promenade après vêpres le long de la Vienne ou aux alentours. Les jours ordinaires, elle demeurait chez elle, occupée à remplir de la tapisserie dont elle donnait le prix aux pauvres, ayant ainsi les mœurs les plus simples, les plus chastes, les plus exemplaires. Elle faisait parfois du linge pour les hospices. Elle entremêlait ses travaux de lectures, et ne lisait pas d'autres livres que ceux que lui prêtait le vicaire de Saint-Etienne, un prêtre dont la sœur Marthe avait fait faire la connaissance aux Sauviat.

Pour Véronique, les lois de l'économie domestique étaient d'ailleurs entièrement suspendues. Sa mère lui faisait elle-même une cuisine à part. La pauvre femme avait du bonheur à lui servir une nourriture choisie. Le père et la mère mangeaient toujours leurs noix et leur pain dur, leurs harengs, leurs pois fricassés avec du beurre salé ; mais pour Véronique rien n'était ni assez frais ni assez beau.

— Véronique doit vous coûter cher, disait au père Sauviat un chapelier établi en face et qui avait pour son fils des projets sur Véronique en estimant à cent mille francs la fortune du férailleur.

— Oui, voisin, oui, répondit le vieux Sauviat, elle pourrait me demander dix écus, je les lui donnerais tout de même. Elle a tout ce qu'elle veut, mais elle ne demande jamais rien. C'est un agneau pour la douceur.

Véronique, en effet, ignorait le prix des choses, elle n'avait jamais eu besoin de rien, elle ne vit de pièce d'or que le jour de son mariage, elle n'eut jamais de bourse à elle. Sa mère lui achetait et lui donnait tout à souhait; si bien que pour faire l'aumône à un pauvre, elle fouillait dans les poches de sa mère.

— Elle ne vous coûte pas cher, dit alors le chapelier.

— Vous croyez cela, vous ! répondit Sauviat. Vous ne vous en tireriez pas encore avec quarante écus par an. Et sa chambre ! il y a chez elle pour plus de cent écus de meubles, mais, quand on n'a qu'une fille, on peut se laisser aller. Enfin, le peu que nous possédons sera tout à elle.

— Le peu ? Vous devez être riche, père Sauviat. Voilà quarante ans que vous faites un commerce où il n'y a pas de pertes.

— Ah ! l'on ne me couperait pas les oreilles pour douze cents francs, répondit le vieux marchand de féraille.

A compter du jour où Véronique perdit la suave beauté qui recommandait son visage de petite fille à l'admiration publique, le père Sauviat redoubla d'activité. Son commerce se raviva si bien qu'il fit plusieurs voyages par an à Paris. Chacun devina qu'il voulait compenser à force d'argent ce que, dans son langage, il appelait les déchets de sa fille.

Quand Véronique eut quinze ans, il se fit un changement dans les mœurs intérieures de la maison. Le père et la mère montaient à la nuit chez leur fille, qui pendant la soirée, leur lisait, à la lueur d'une lampe placée derrière un globe de verre plein d'eau, la Vie des Saints, les Lettres Édifiantes, enfin tous les livres prêtés par le vicaire. La vieille Sauviat tricotait en calculant qu'elle regagnait ainsi le prix de l'huile.

Les voisins pouvaient voir de chez eux ces deux vieilles gens immobiles sur leurs fauteuils comme deux figures chinoises, écoutant et admirant leur fille de toutes les forces d'une intelligence, obtuse pour tout ce qui n'était pas argent, commerce ou foi religieuse.

Il s'est rencontré sans doute dans le monde des jeunes filles aussi pures que l'était Véronique; mais aucune ne fut ni plus pure, ni plus modeste. Sa confession devait étonner les anges et réjouir la sainte Vierge.

A seize ans, elle fut entièrement développée, et se montra comme elle devait être. Elle avait une taille moyenne, ni son père ni sa mère n'étaient grands; mais ses formes se recommandaient par une souplesse gracieuse, par ces lignes serpentines si heureuses, si péniblement cherchées par les peintres, que la nature trace d'elle-même si finement, et dont les moelleux contours se révèlent aux yeux des connaisseurs, malgré les linges et l'épaisseur des vêtemens qui se modèlent et se disposent toujours, quoi qu'on fasse, sur le nu. Vraie, simple, naturelle, Véronique mettait en relief cette beauté par des mouvemens sans aucune affectation. Elle sortait son plein et entier effet, s'il est permis d'emprunter ce terme énergique à la langue judiciaire. Elle avait les bras charnus des auvergnates, la main rouge et potelée d'une belle servante d'auberge, des pieds forts mais réguliers et en harmonie avec ses formes. Il se passait en elle un phénomène ravissant et merveilleux qui promettait à l'amour une femme cachée aux yeux du monde. Ce phénomène était peut-être une des causes de l'admiration que son père et sa mère manifestèrent pour sa beauté, qu'ils disaient être divine au grand étonnement des voisins. Ceux qui les premiers remarquèrent ce fait furent les prêtres de la cathédrale et les fidèles qui s'approchaient de la sainte-table. Quand un sentiment violent éclatait chez Véronique, et l'exaltation religieuse à laquelle elle était livrée alors qu'elle se présentait pour communier doit se compter parmi les plus vives émotions d'une jeune fille si candide, il semblait qu'une lumière intérieure effaçât par ses rayons les marques de la petite vérole. Le pur et radieux visage de son enfance reparaissait dans sa beauté première. Quoique légèrement voilé par la couche grossière que la maladie y avait étendue, il brillait comme brille mystérieusement une fleur sous l'eau de la mer que le soleil pénètre. Véronique était changée pour quelques instants. La petite vierge se montrait et disparaissait comme une céleste apparition. La prunelle de ses yeux, douée d'une grande contractilité semblait alors s'épanouir et repoussait le bleu de l'iris qui ne formait plus qu'un léger cercle. Ainsi cette métamorphose de l'œil devenu aussi vif que celui de l'aigle complétait le changement étrange du visage. Était-ce l'orage des passions contenues, était-ce une force venue des profondeurs de l'âme qui agrandissait sa prunelle en plein jour comme elle s'agrandit ordinairement chez tout le monde dans les ténèbres, en brunissant ainsi l'azur de ses yeux célestes? Quoi que ce fut, il était impossible de voir froidement Véronique, alors qu'elle revenait de l'autel à sa place après s'être unie à Dieu, et qu'elle se révélait à la paroisse dans sa primitive splendeur. Sa beauté eût alors éclipsé celle des plus belles femmes.

Quel charme pour un homme épris et jaloux que ce voile de chair qui devait cacher l'épouse à tous les regards, que la main de l'amour lèverait et laisserait retomber sur les voluptés permises !

Véronique avait de belles lèvres arquées qu'on aurait cru peintes en vermillon, tant y abondait un sang pur et chaud. Son menton et le bas de son visage étaient un peu gras, dans l'acception que les peintres donnent à ce mot, et cette forme épaisse est, suivant les lois impitoyables de la physionomie, l'indice d'une violence quasi-morbide dans la passion. Elle avait au-dessus de son front bien modelé, mais presque impérieux, un magnifique diadème de cheveux volumineux, abondans et devenus châtains.

Depuis seize ans jusqu'au jour de son mariage, Véronique eut une attitude pensive et pleine de mélancolie. Dans une si profonde solitude, elle devait, comme les solitaires, examiner le grand spectacle de ce qui se passait en elle : le progrès de sa pensée, la variété des images et des sentimens qu'échauffait le feu d'une vie pure.

Ceux qui levaient le nez en passant par la rue de la Cité pouvaient voir par les beaux jours la fille des Sauviat assise à sa fenêtre, cousant, brodant ou tirant l'aiguille au-dessus de son canevas d'un air assez songeur.

Sa tête se détachait vivement entre les fleurs qui poétisaient l'appui brun et fendillé de ses croisées à vitraux retenus dans leur réseau de plomb. Quelquefois le reflet des rideaux de damas rouge ajoutait à l'effet de sa tête déjà si colorée. Comme une fleur empourprée, elle dominait le massif aérien si soigneusement arrosé, entretenu par elle sur l'appui de sa fenêtre.

Cette vieille maison naïve avait donc quelque chose de plus naïf : un portrait de jeune fille, digne de Mieris, de Van Ostade, de Terburg et de Gérard Dow, encadré dans une de ces vieilles croisées quasi-détruites, frustes et brunes que leurs pinceaux ont affectionnées. Quand un étranger, surpris de cette construction, restait béant à regarder au second étage, le vieux Sauviat avançait alors la tête de manière à se mettre en dehors de la ligne dessinée par le surplomb, et il était sûr de trouver sa fille à la fenêtre. Le férailleur rentrait en se frottant les mains, et disait à sa femme en patois d'Auvergne : — Hé, la vieille! on admire ton enfant.

En 1820, il arriva, dans la vie simple et dénuée d'événemens que menait Véronique un accident qui n'eût pas eu d'importance chez toute autre jeune personne, mais qui peut-être exerça sur son avenir une horrible influence. Un jour de fête supprimée, qui restait ouvrable pour toute la ville et pendant lequel les Sauviat fermaient boutique, allaient à l'église et se promenaient, Véronique passa, pour aller dans la campagne, devant l'étalage d'un libraire où elle vit le livre de Paul et Virgine. Elle eut la fantaisie de l'acheter à cause de la gravure, son père paya cent sous le fatal volume, et le mit dans la vaste poche de sa redingote.

— Ne ferais-tu pas bien de le montrer à monsieur le vicaire? lui dit sa mère pour qui tout livre imprimé sentait toujours un peu le grimoire.

— J'y pensais, répondit simplement Véronique.

Elle passa la nuit à lire ce roman, l'un des plus touchans livres de la langue française. La peinture de ce mutuel amour, à demi-biblique et digne des premiers âges du monde, ravagea le cœur de Véronique. Une main, doit-on dire divine ou diabolique, enleva le voile qui jusqu'alors lui avait couvert la nature. La petite vierge enfouie dans la belle fille, trouva le lendemain ses fleurs plus belles, elle contempla l'azur du ciel avec une fixité pleine d'exaltation, des larmes roulèrent dans ses yeux.

Dans la vie de toutes les femmes, il est un moment où elles comprennent leur destinée, ou leur organisation, jusque là muette, parle avec autorité. Ce n'est pas toujours un homme choisi par quelque regard involontaire et furtif qui réveille leur sixième sens endormi ; mais plus souvent peut-être un spectacle imprévu, l'aspect d'un site, une lecture, le coup-d'œil d'une pompe religieuse, un concert de parfums naturels, une délicieuse matinée voilée de ses vapeurs diaphanes, une divine musique aux notes caressantes, enfin quelque mouvement inattendu. Chez cette fille solitaire, confinée dans cette noire maison, élevée par des parens simples, quasi rustiques, et qui n'avait jamais entendu de mot impropre, dont la candide intelligence n'avait jamais reçu la moindre idée mauvaise ; chez l'angélique élève de la sœur Marthe et du bon vicaire de Saint-Etienne, la révélation de l'amour, qui est la vie de la femme, lui fut faite par un livre suave, par la main du génie. Pour toute autre, cette lecture eût été sans danger ; pour elle, ce livre fut pire qu'un livre obscène. La corruption est relative. Il est des natures vierges et sublimes qu'une seule pensée corrompt, elle y fait d'autant plus de dégâts que la nécessité d'une résistance n'a pas été prévue.

Le lendemain, Véronique montra le livre au bon prêtre qui en approuva l'acquisition, tant la renommée de Paul et Virginie est enfantine, innocente et pure. Mais la chaleur des tropiques et la beauté des paysages ; mais la candeur presque puérile d'un amour presque saint avaient agi sur Véronique. Elle avait été amenée par la douce et noble figure de l'auteur vers le culte de l'idéal, cette fatale religion humaine! Elle rêvait pour amant un jeune homme semblable à Paul. Sa pensée caressait de voluptueux tableaux dans une île embaumée. Elle nomma par enfantillage, une île de la Vienne, sise au-dessous de Limoges, presque en face le faubourg Saint-Martial, l'Ile-Bourbon. Sa pensée y habitait le monde fantastique que se font toutes les jeunes filles, et qu'elles meublent de perfections.

Elle passa de plus longues heures à sa croisée, en regardant passer les artisans, les seuls hommes auxquels, d'après la modeste condition de ses parens ; il lui était permis de songer. Elle dut s'habituer à l'idée d'épouser un homme du peuple; et trouvant en elle-même des instincts qui repoussaient toute grossièreté, ayant en son âme un sentiment profond de l'élégance, sans doute elle se plut à se composer quelques-uns de ces romans que toutes les jeunes filles se font pour elles seules. Elle embrassa peut-être avec l'ardeur naturelle à une imagination vierge, la belle idée d'ennoblir un de ces hommes, de l'élever à la hauteur où la mettaient ses rêves, elle fit peut-être un Paul de quelque jeune homme choisi par ses regards, seulement pour attacher ses folles idées sur un être, comme les vapeurs de l'atmosphère humide, saisies par la gelée, se cristallisent à une branche.

Elle dut se lancer dans un abîme profond, car si elle avait souvent l'air de revenir de bien haut, en montrant sur son front comme un reflet lumineux; plus souvent encore, elle semblait tenir à la main des fleurs cueillies au bord de quelque torrent suivi au fond des précipices.

Elle demanda par les belles soirées le bras de son vieux père et ne manqua plus une promenade au bord de la Vienne où elle allait s'extasiant sur les beautés du ciel et de la campagne, sur les rouges magnificences du soleil couchant, sur les pimpantes délices des matinées trempées de rosée. Son esprit exhala dès-lors un parfum de poésie naturelle. Ses cheveux qu'elle nattait et tordait simplement sur sa tête, elle les lissa, les boucla. Sa toilette connut quelque recherche. La vigne qui croissait sauvage et naturellement jetée dans les bras du vieil ormeau fut transplantée, taillée, elle s'étala sur un treillis vert et coquet.

Au retour d'un voyage que fit à Paris le vieux Sauviat, alors âgé de soixante-dix ans, en décembre 1821, le vicaire vint un soir, et après quelques phrases insignifiantes, lui dit :—Pensez à marier votre fille, Sauviat! A votre âge, il ne faut plus remettre l'accomplissement d'un devoir important.

— Est ce que Véronique veut se marier ? dit le vieillard stupéfait.

— Comme il vous plaira, mon père, répondit-elle en baissant les yeux.

— Nous la marierons, dit la grosse mère Sauviat en souriant.

— Pourquoi ne m'en as-tu rien dit avant mon départ, la mère? s'écria Sauviat. Je serai forcé de retourner à Paris.

CHAPITRE TROISIÈME.

Jérôme-Baptiste Sauviat, en homme aux yeux de qui la fortune semblait constituer tout le bonheur, qui n'avait jamais vu que le besoin dans l'amour, et dans le mariage qu'un mode de transmettre ses biens à un autre soi-même, s'était juré de marier Véronique à un riche bourgeois. Depuis long-temps, cette idée avait pris dans sa cervelle la forme d'un préjugé. Son voisin, le chapelier, riche de deux mille livres de rente, avait déjà demandé pour son fils, auquel il cédait son établissement, la main d'une fille aussi célèbre que l'était Véronique dans le quartier par sa conduite exemplaire et ses mœurs chrétiennes. Sauviat avait déjà poliment refusé sans en parler à Véronique. Le lendemain du jour où le vicaire, personnage important aux yeux du ménage Sauviat, eut parlé de la nécessité de marier Véronique de laquelle il était le directeur, le vieillard se rasa, s'habilla comme pour un jour de fête, et sortit sans rien dire ni à sa fille ni à sa femme. L'une et l'autre comprirent que le père allait chercher un gendre. Le vieux Sauviat se rendit chez monsieur Graslin.

Monsieur Graslin, riche banquier de Limoges, était comme Sauviat un homme parti sans le sou de l'Auvergne, venu pour être commissionnaire, et qui, placé chez un financier en qualité de garçon de caisse, avait, semblable à beaucoup de financiers, fait son chemin à force d'économie, et aussi par d'heureuses circonstances. Caissier à vingt-cinq ans, associé dix ans après de la maison Perre et Grossetête, il avait fini par se trouver maître du comptoir, après avoir désintéressé ces vieux banquiers, tous deux retirés à la campagne, et qui lui laissaient leurs fonds à manier, moyennant un intérêt de sept et demi pour cent.

Pierre Graslin, alors âgé de quarante-sept ans, passait pour posséder au moins six cent mille francs.

La réputation de fortune de Pierre Graslin avait récemment grandi dans tout le département. Chacun avait applaudi à une générosité qui consistait à s'être bâti, dans le nouveau quartier de la place des Arbres, destiné à donner à Limoges une physionomie agréable, une belle maison sur le plan d'alignement, et dont la façade, d'une élégante architecture, correspondait à celle d'un édifice public.

Cette maison, achevée depuis six mois, Pierre Graslin hésitait à la meubler : elle lui coûtait si cher qu'il reculait le moment où il viendrait l'habiter. Son amour-propre l'avait entraîné peut-être au-delà des lois sages qui jusqu'alors avaient gouverné sa vie. Il jugeait avec le bon sens de l'homme commercial, que l'intérieur de sa maison devait être en harmonie avec le programme de la façade. Le mobilier, l'argenterie, et les accessoires nécessaires à la vie qu'il mènerait dans son hôtel, allaient, selon son estimation, coûter autant que la construction. Malgré les dires de la ville et les lazzis du commerce, malgré les charitables suppositions de son prochain, il resta confiné dans le vieux, humide et sale rez-de-chaussée où sa fortune s'était faite, rue Montantmanigne. Si le public glosait, Graslin avait l'approbation de ses deux vieux commanditaires, qui le louèrent de cette fermeté peu commune.

Une fortune, une existence comme celles de Pierre Graslin devaient exciter plus d'une convoitise dans une ville de province. Aussi plus d'une proposition de mariage avait-elle été, depuis dix ans, insinuée à monsieur Graslin; mais l'état de garçon convenait si bien à un homme occupé du matin au soir, constamment fatigué de courses, accablé de travail, ardent à la poursuite des affaires comme le chasseur à celle du gibier, que Graslin ne donna dans aucun des pièges tendus par les mères ambitieuses qui convoitaient pour leurs filles cette brillante position

Graslin était Sauviat dans une sphère supérieure. Il ne dépensait pas quarante sous par jour, il était vêtu comme son second commis.

Deux commis et un garçon de caisse lui suffisaient pour faire des affaires immenses par la multiplicité des détails. Un commis expédiait la correspondance, un autre tenait la caisse. Pierre Graslin était pour le surplus, l'âme et le corps. Il avait pris ses commis dans sa famille, deux hommes sûrs, intelligens, façonnés au travail comme lui-même. Quant au garçon de caisse, il menait la vie d'un cheval de camion.

Levé dès cinq heures en tous temps, ne se couchant jamais avant onze heures, Graslin avait une femme à la journée, une vieille Auvergnate qui faisait la cuisine. La vaisselle de terre brune, le bon gros linge de maison étaient dignes de l'Auvergnate qui avait ordre de ne jamais dépasser la somme de trois francs pour la totalité de la dépense journalière du ménage. Le garçon de peine servait de domestique. Les commis faisaient eux-mêmes leur chambre. Les tables en bois noirci, les chaises dépaillées, les casiers, les mauvais bois de lit, tout le mobilier qui garnissait le comptoir et les trois chambres situées au-dessus, ne valait pas mille francs, y compris une caisse colossale, tout en fer, scellée dans les murs, que lui avaient léguée ses prédécesseurs, et devant laquelle couchait le garçon de peine, avec deux chiens à ses pieds.

Jamais Graslin n'allait dans le monde où il était si souvent question de lui. Deux ou trois fois par an, il dînait chez le receveur-général, avec lequel ses affaires le mettaient en relations suivies. Il mangeait encore quelquefois à la préfecture, il avait été nommé membre du conseil-général du département, à son grand regret : il perdait là son temps, disait-il. Parfois ses confrères, quand il concluait avec eux des marchés, le gardaient à déjeûner ou à dîner. Enfin il était forcé d'aller chez ses anciens patrons qui passaient les hivers à Limoges. Il tenait si peu aux relations de société, qu'en vingt-cinq ans, Graslin n'avait pas offert un verre d'eau à qui que ce soit.

Quand Graslin passait dans la rue, chacun se le montrait, en se disant - « Voilà, monsieur Graslin ! » C'est-à-dire voilà un homme venu sans le sou à Limoges et qui s'est acquis une fortune immense ! Le banquier auvergnat était un modèle que plus d'un père proposait à son enfant, une épigramme que plus d'une femme jetait à la face de son mari.

Chacun peut concevoir par quelles idées un homme devenu le pivot de toute la machine financière du Limousin, avait été amené à repousser les diverses propositions de mariage qu'on ne se lassait pas de lui faire. Les filles de messieurs Perret et Grossetête avaient été mariées avant que Graslin eut été en position de les épouser, mais comme chacune de ces dames avait des filles en bas âge, on avait fini par laisser Graslin tranquille, imaginant que, soit le vieux Perret ou le fin Grossetête avait par avance arrangé le mariage de Graslin avec une de leurs petites filles.

Sauviat avait plus attentivement et plus sérieusement que personne suivi la marche ascendante de son compatriote, il l'avait connu lors de son établissement à Limoges; mais leurs positions respectives avaient si fort changé, du moins en apparence, que leur amitié, devenue superficielle, se rafraîchissait rarement. Néanmoins, en qualité de compatriote, Graslin ne dédaignait pas de causer avec Sauviat quand par hasard ils se rencontraient. Tous deux avaient conservé leur tutoiement primitif, mais en patois d'Auvergne seulement.

Après sa conférence avec le banquier, le père Sauviat revint joyeux dîner dans la chambre de sa fille, et dit à ses deux femmes :

— Véronique sera madame Graslin.

— Madame Graslin? s'écria la mère Sauviat stupéfaite.

— Est-ce possible, dit Véronique à qui la personne de Graslin était inconnue, mais à l'imagination de laquelle il se produisait comme se produit un des Rotschild à celle d'une grisette de Paris.

— Oui, c'est fait, dit solennellement le vieux Sauviat. Graslin meublera magnifiquement sa maison; il aura pour notre fille la plus belle voiture de Paris et les plus beaux chevaux du Limousin, il achètera une terre de cinq cent mille francs pour elle, et lui assurera son hôtel, enfin Véronique sera la première de Limoges la plus riche du département, et fera ce qu'elle voudra de Graslin!

Son éducation, ses idées religieuses, son affection sans bornes pour son père et sa mère, son ignorance empêchèrent Véronique de concevoir une seule objection, elle ne pensa même pas qu'on avait disposé d'elle sans elle.

Le lendemain Sauviat partit pour Paris et fut absent pendant une semaine environ.

Pierre Graslin était, vous l'imaginez, peu causeur, il allait droit et promptement au fait. Chose résolue, chose exécutée. En février 1822, éclata comme un coup de foudre dans Limoges une singulière nouvelle : l'hôtel Graslin se meublait richement, des voitures de roulage venues de Paris se succédaient à la porte et se déballaient dans la cour. Il courut dans la ville des rumeurs sur la beauté, sur le bon goût d'un mobilier moderne ou antique, selon la mode. La maison Odiot expédiait une magnifique argenterie par la malle-poste. Enfin, trois voitures, une calèche, un coupé, un cabriolet arrivaient entortillées de paille, comme des bijoux.

— Monsieur Graslin se marie ! Ces mots furent dits par toutes les bouches dans une seule soirée, dans les salons de la haute société, dans les ménages, dans les boutiques, dans les faubourgs, et bientôt dans tout le Limousin. Mais avec qui? Profond mystère.

CHAPITRE QUATRIÈME.

Le Mariage.

Au retour de Sauviat, eut lieu la première visite nocturne de Graslin, à neuf heures et demie. Véronique était prévenue, elle attendait, vêtue de sa robe de soie bleue à guimpe sur laquelle retombait une collerette de linon à grand ourlet. Pour toute coiffure, ses cheveux, partagés en deux bandeaux bien lissés furent rassemblés en mamelon derrière la tête, à la grecque. Elle occupait une chaise de tapisserie auprès de sa mère qui était assise au coin de la cheminée dans un grand fauteuil à dossier sculpté, garni de velours rouge, quelque débris de vieux château. Un grand feu brillait à l'âtre. Sur la cheminée, de chaque côté d'une horloge antique dont la valeur était certes inconnue aux Sauviat, six bougies dans deux vieux bras de cuivre qui figuraient des sarmens, éclairaient cette chambre brune et Véronique dans toute sa fleur. La vieille mère avait mis sa meilleure robe.

Par le silence de la rue et à cette heure silencieuse, sur les douces ténèbres du vieil escalier, apparut Graslin à la modeste et naïve Véronique, encore livrée aux suaves idées que le livre de Bernardin de Saint-Pierre lui avait fait concevoir de l'amour.

Petit et maigre, Graslin avait une épaisse chevelure noire semblable aux crins d'un houssoir, laquelle faisait vigoureusement ressortir son visage, rouge comme celui d'un ivrogne émérite, et couvert de boutons âcres, saignans ou prêt à percer.

Sans être la lèpre ni la dartre, ces fruits d'un sang échauffé par un travail continu, par les inquiétudes, par la rage du commerce, par les veilles, par la sobriété, par une vie sage, semblaient tenir de ces deux maladies.

Malgré les avis de ses associés, de ses commis, de son médecin, le banquier n'avait jamais su s'astreindre aux précautions médicales qui eussent prévenu, tempéré cette maladie, d'abord légère, mais qui s'aggravait de jour en jour. Il voulait guérir, il prenait des bains pendant quelques jours, il buvait la boisson ordonnée; mais emporté par le courant des affaires, il oubliait le soin de sa personne. Il pensait à suspendre ses affaires pendant quelques jours, à voyager, à se soigner, à prendre les eaux, mais quel est le chasseur de millions qui s'arrête? Il avait le nez retroussé, une bouche à grosses lèvres lippues, un front cambré, des pommettes rieuses, des oreilles épaisses à larges bords corrodés par l'âcreté du sang. Enfin Graslin était le satyre antique, un faune en redingote, en gilet de satin noir, le cou serré d'une cravatte blanche.

Dans cette face ardente, brillaient deux yeux gris tigrés de fils verdâtres partant de l'iris, et semés de points bruns, deux yeux avides, vifs, deux yeux qui allaient au fond du cœur, deux yeux implacables, pleins de résolution, de rectitude, de calcul. Les épaules, fortes et nerveuses, avaient porté des fardeaux, elles étaient déjà voûtées. Les mains maigres et velues montraient les doigts crochus des gens habitués à compter des écus. Les plis du visage partaient des pommettes à la bouche par sillons égaux comme chez tous les gens occupés d'intérêts matériels. L'habitude des décisions rapides se voyait dans la manière dont les sourcils étaient rehaussés vers chaque lobe du front. Quoique sérieuse et serrée, la bouche annonçait une bonté cachée, une âme excellente, enfouie sous les affaires, étouffée peut-être, mais qui renaîtrait sans doute à la vue d'une femme. Sous ce buste, excessivement développé, s'agitaient des jambes grêles, assez mal emmanchées à des cuisses courtes.

A cette apparition, le cœur de Véronique se contracta violemment : il lui passa du noir devant les yeux, elle crut avoir crié, mais elle était restée muette, le regard fixe.

— Véronique, voici monsieur Graslin, lui dit alors le vieux Sauviat.

Véronique se leva, salua, retomba sur sa chaise, et regarda sa mère qui souriait au millionnaire, et qui paraissait, ainsi que Sauviat, si heureuse si heureuse que la fille trouva la force de cacher sa surprise et sa violente répulsion. Dans la conversation qui eut lieu, il fut question de la santé de Graslin. Le banquier se regarda naïvement dans le miroir à tailles onglées et à cadre d'ébène.

— Je ne suis pas beau, mademoiselle, dit-il.

Il expliqua les rougeurs de sa figure par sa vie ardente, il raconta comment il obéissait peu aux ordres de la médecine, il se flatta de changer de visage dès qu'une femme commanderait dans son ménage et aurait plus soin de lui que lui-même.

— Est-ce qu'on épouse un homme pour son visage, pays! dit le vieux férailleur en donnant à son compatriote une énorme tape sur la cuisse.

L'explication de Graslin s'adressait à ces sentimens naturels dont le cœur de toute femme est plus ou moins rempli. Véronique, pensa qu'elle-même avait un visage détruit par une horrible maladie. Sa modestie chrétienne la fit revenir sur sa première impression. En entendant un sifflement dans la rue, Graslin descendit suivi de Sauviat inquiet. Tous deux remontèrent promptement. Le garçon de peine apportait un premier bouquet de fleurs, qui s'était fait attendre. Quand le banquier montra ce monceau de fleurs exotiques dont les parfums envahirent la chambre et qu'il l'offrit à sa future, Véronique éprouva des émotions bien contraires à celles que lui avait causées le premier aspect de Graslin; elle fut comme plongée dans le monde idéal et fantastique de la nature tropicale. Elle n'avait jamais vu de camélias blancs, elle n'avait jamais senti le cytise des Alpes, la citronelle, le jasmin des Açores, les volcamerias, les roses musquées, toutes ces odeurs divines qui sont comme l'excitant de la tendresse, et chantent au cœur des hymnes de parfums.

Graslin laissa Véronique en proie à cette émotion.

Depuis le retour du férailleur, après la journée, quand tout dormait dans Limoges, le banquier se coulait le long des murs depuis sa maison jusqu'à celle du père Sauviat. Il frappait doucement aux volets, le chien n'aboyait pas, le vieillard descendait, ouvrait à son pays, et Graslin passait une heure ou deux dans la pièce brune, auprès de Véronique. Là, Graslin trouvait toujours son souper d'Auvergnat servi par la mère Sauviat.

Jamais ce singulier amoureux n'arrivait sans offrir à Véronique un bouquet composé des fleurs les plus rares, cueillies dans la serre de monsieur Grossetête, la seule personne de Limoges qui fût dans le secret de ce mariage. Le garçon de peine allait chercher nuitamment le bouquet que faisait le vieux Grossetête, lui-même. En deux mois, Graslin vint cinquante fois environ, chaque fois il apporta quelque riche présent : des anneaux, une montre, une chaîne d'or, un nécessaire, etc.

Ces prodigalités incroyables, un mot les justifiera. Véronique avait en dot presque toute la fortune de son père, sept cent cinquante mille francs. Le vieillard gardait une inscription de huit mille francs sur le grand-livre achetée pour soixante mille livres en assignats par son compère Brézac, à qui, lors de son emprisonnement, il les avait confiées, et qui la lui avait toujours gardée, en le détournant de la vendre.

Ces soixante mille livres en assignats étaient la moitié de sa fortune au moment où il courut risque de périr sur l'échafaud. Brézac avait été, dans cette circonstance, le fidèle dépositaire du reste, consistant en sept cents louis d'or, somme énorme, avec laquelle Sauviat se remit à opérer quand il eut recouvré sa liberté. En trente ans, chacun de ses louis s'était changé en un billet de mille francs, à l'aide toutefois de la rente du grand-livre, de la succession Champagnac, des bénéfices accumulés du commerce et des intérêts composés qui grossissaient dans la maison Brézac. Brézac avait pour Sauviat une probe amitié, comme en ont les Auvergnats entre eux.

Aussi quand Sauviat allait voir la façade de l'hôtel Graslin, se disait-il en lui-même : — Véronique demeurera dans ce palais ! Il savait qu'aucune fille en Limousin n'avait sept cent cinquante mille francs en mariage, et deux cent cinquante mille francs en espérances. Graslin, son gendre d'élection, devait donc infailliblement épouser Véronique.

Véronique eut tous les soirs un bouquet qui, le lendemain, parait son petit salon et qu'elle cachait aux voisins. Elle admirait ces délicieux bijoux, ces perles, ces diamans, ces bracelets, ces rubis, qui plaisent à toutes les filles d'Eve, elle se trouvait moins laide ainsi parée. Elle voyait sa mère heureuse de ce mariage, et n'avait aucun terme de comparaison ; elle ignorait entièrement les devoirs, la fin du mariage ; enfin elle entendait la voix solennelle du vicaire de Saint-Étienne lui vantant Graslin comme un homme d'honneur, avec lequel elle mènerait une vie honorable. Véronique consentit donc à recevoir les soins de monsieur Graslin.

Quand, dans une vie recueillie et solitaire comme était celle de Véronique, il se produit une seule personne qui vient tous les jours, cette personne ne saurait être indifférente : ou elle est haïe, et l'aversion justifiée par la connaissance approfondie du caractère la rend insupportable, ou l'habitude de la voir blase pour ainsi dire les yeux sur les défauts corporels. L'esprit cherche des compensations, la physionomie occupe la curiosité, les traits s'animent, il en sort quelques beautés fugitives ; on finit par découvrir l'intérieur caché sous la forme ;

enfin les premières impressions une fois vaincues, l'attachement prend d'autant plus de force, que l'âme s'y obstine comme à sa propre création. On aime. Là est la raison des passions conçues par de belles personnes pour des êtres laids en apparence. La forme, oubliée par l'affection, ne se voit plus chez une créature dont l'âme est alors seule appréciée. D'ailleurs la beauté, si nécessaire à une femme, prend chez l'homme un caractère si étrange, qu'il y a peut-être autant de dissentiment entre les femmes sur le beau de l'homme qu'entre les hommes sur la beauté des femmes.

Après mille réflexions, bien des débats avec elle-même, Véronique laissa publier les bans. Dès-lors, il ne fut bruit dans tout Limoges que de cette aventure incroyable. Personne n'en connaissait le secret, l'énormité de la dot. Si cette dot eût été connue, Véronique aurait pu se choisir un mari. Peut-être aussi eût-elle été trompée.

Graslin passait pour s'être pris d'amour. Il vint des tapissiers de Paris, qui arrangèrent la belle maison. On ne parlait dans Limoges que des profusions du banquier. On chiffrait la valeur des lustres, on se racontait les dorures du salon, les sujets des pendules. On se décrivait les jardinières, les chauffeuses, les objets de luxe, les nouveautés. Dans le jardin de l'hôtel Graslin, il y avait, au-dessus d'une glacière, une volière délicieuse pour des oiseaux rares, des perroquets, des faisans de la Chine, des canards inconnus.

Monsieur et madame Grossetête, vieilles gens considérés dans Limoges, vinrent faire plusieurs visites chez les Sauviat où ils accompagnèrent Graslin. Madame Grossetête, femme respectable, félicita Véronique sur son heureux mariage. Ainsi l'Église, la Famille, le Monde, tout jusqu'aux moindres choses furent complices de ce mariage. Enfin, au mois d'avril, les invitations officielles furent remises chez toutes les connaissances de Graslin.

Par une belle journée, un samedi, une calèche et un coupé attelés à l'anglaise de chevaux limousins choisis par le vieux Grossetête, arrivèrent à onze heures devant la modeste boutique du ferailleur, amenant, au grand émoi du quartier, les anciens patrons du marié, et ses deux jeunes commis.

La rue était pleine de monde accouru pour voir Véronique Sauviat, à qui le plus renommé coiffeur de Limoges avait posé sur ses beaux cheveux la couronne des mariées, et un voile de dentelle d'Angleterre du plus haut prix. Elle était simplement mise en mousseline blanche.

Une assemblée assez imposante des femmes les plus distinguées de la ville l'attendait à la cathédrale, où l'évêque, connaissant la piété des Sauviat, daignait marier Véronique. Elle fut trouvée généralement laide.

Elle entra dans son hôtel, et y marcha de

surprise en surprise. Un dîner d'apparat devait précéder le bal, auquel Graslin avait invité presque tout Limoges. Le dîner, donné à l'évêque, au préfet, au président de la cour, au procureur-général, au receveur-général, au maire, aux anciens patrons de Graslin et à leurs femmes, fut un triomphe pour la mariée, qui, semblable à toutes les personnes simples et naturelles, montra des grâces inattendues. Ni elle ni Graslin ne savaient danser. Véronique continua donc de faire les honneurs de chez elle et se concilia l'estime, les bonnes grâces de la plupart des personnes avec lesquelles elle fit connaissance, en demandant à Grossetête, qui se prit de belle amitié pour elle, des renseignemens sur chacun ; elle ne commit ainsi aucune méprise.

Ce fut pendant cette soirée que les deux anciens banquiers annoncèrent la fortune, immense en Limousin, donnée à sa fille par le vieux Sauviat. Dès neuf heures, le férailleur avait été se coucher chez lui, laissant sa femme présider au coucher de la mariée. Il fut dit dans toute la ville que madame Graslin était laide mais bien faite.

Le vieux Sauviat liquida ses affaires, et vendit alors sa maison à la ville, qui l'abattit. Il acheta sur la rive gauche de la Vienne une maison de campagne située entre Limoges et le Cluzeau, à dix minutes du faubourg Saint-Martial, où il alla finir tranquillement ses jours avec sa femme. Les deux vieillards avaient un appartement dans l'hôtel Graslin, et dînaient une ou deux fois par semaine avec leur fille, qui prenait souvent leur maison pour but de promenade.

Le repos faillit tuer le vieux férailleur. Heureusement Graslin trouva moyen d'occuper son beau-père. En 1823, il fut obligé de prendre à son compte une manufacture de porcelaine, aux propriétaires de laquelle il avait avancé de fortes sommes, et qui ne pouvaient les lui rendre qu'en lui vendant leur établissement. Par ses relations, en y versant des capitaux, Graslin fit de cette fabrique une des premières de Limoges, et la revendit, avec de gros bénéfices, trois ans après. Il donna la surveillance de ce grand établissement, situé précisément dans le faubourg Saint-Martial, à son beau-père, qui, malgré ses soixante-douze ans, fut pour beaucoup dans la prospérité de cette affaire et s'y rajeunit. Graslin put donc conduire ses affaires en ville et n'avoir aucun souci d'une manufacture qui, sans l'activité passionnée du vieux Sauviat, l'aurait obligé peut-être à s'associer un de ses commis, et à perdre une portion des bénéfices qu'il y trouva pour sauver les capitaux engagés.

Sauviat mourut en 1826, par accident. En faisant l'inventaire de la fabrique, il tomba dans une charasse, espèce de boîte à claire-voie où s'emballent les porcelaines; il se fit une blessure légère à la jambe et ne la soigna pas ; la gangrène s'y mit, il ne voulut pas se laisser couper la jambe et mourut.

La veuve abandonna deux cent cinquante mille francs environ dont se composait la succession de Sauviat, en se contentant d'une rente de deux cents francs par mois, qui suffisait amplement à ses besoins, et que son gendre prit l'engagement de lui servir. Elle garda sa petite maison de campagne, où elle voulut vivre seule et sans servante, sans que sa fille pût la faire revenir sur sa décision, maintenue avec l'obstination particulière aux vieilles gens.

La mère Sauviat venait voir presque tous les jours sa fille, de même que sa fille continua de prendre pour but de promenade la maison de campagne, qui, d'ailleurs, était assez joliment située et d'où l'on jouissait d'une charmante vue sur la Vienne. De là, se voyait cette île affectionnée par Véronique, et qui était son île Bourbon.

Pour ne pas troubler par ces incidens l'histoire du ménage Graslin, il a fallu terminer celle des Sauviat en anticipant sur ces événemens, qui d'ailleurs ne sont pas inutiles à l'explication de la vie cachée que mena madame Graslin. Sa vieille mère avait remarqué combien l'avarice de Graslin pouvait gêner sa fille, et s'était long-temps refusée à se dépouiller du reste de sa fortune; mais Véronique, à qui les affaires d'argent étaient inconnues et d'ailleurs incapable de prévoir un seul des cas où les femmes peuvent désirer la jouissance de leur bien, insista par des raisons pleines de noblesse : elle avait alors à remercier Graslin de lui avoir rendu sa liberté de jeune fille, comme on va le voir.

CHAPITRE CINQUIÈME.

Histoire de beaucoup de Femmes en province.

La splendeur insolite qui accompagna le mariage de monsieur Graslin froissait toutes ses habitudes et contrariait son caractère. Ce grand financier était un très petit esprit. Véronique n'avait pu juger l'homme avec lequel elle devait passer sa vie. Durant ses cinquante-cinq visites, Graslin ne laissa jamais voir que l'homme commercial, le travailleur intrépide qui concevait, devinait, soutenait les entreprises, analysait les affaires publiques en les rapportant toutefois à l'échelle de la banque. Fasciné par le million du beau-père, le parvenu s'était montré généreux par calcul, il avait fait grandement les choses dans l'entraînement que cause le printemps du mariage, et dominé par ce qu'il nommait sa folie, cette maison encore appelée aujourd'hui l'hôtel Graslin.

Ayant des chevaux, une calèche, un coupé, naturellement il s'en servit pour rendre avec sa femme ses visites de mariage, pour aller aux dîners et aux bals nommés des retours de noces que les sommités administratives et les maisons riches donnèrent aux nouveaux mariés. Dans le mouvement qui l'emportait en dehors de sa sphère, monsieur

Graslin prit un jour de réception, et fit venir un cuisinier de Paris.

Pendant une année environ, il mena donc le train que devait mener un homme qui possédait seize cent mille francs, et pouvait disposer de trois millions en comprenant les fonds de ses anciens associés et ceux qu'on lui confiait. Il fut alors le personnage le plus marquant de Limoges. Pendant cette année, il mit généreusement vingt-cinq pièces de vingt francs tous les mois dans la bourse de madame Graslin.

Le beau monde de la ville s'occupa beaucoup de Véronique au commencement de son mariage, elle était une bonne fortune pour la curiosité presque toujours sans aliment en province, et fut d'autant plus étudiée qu'elle apparaissait dans la société comme un phénomène; mais elle y demeura dans l'attitude simple et modeste d'une personne qui observait des mœurs, des usages, des choses inconnues en voulant s'y conformer.

Déjà proclamée laide, mais bien faite, elle fut regardée comme bonne, mais stupide. Elle apprenait tant de choses, elle avait tant à écouter et à voir, que son air, ses discours donnèrent à ce jugement une apparence de justesse. Elle eut d'ailleurs une sorte de torpeur qui ressemblait au manque d'esprit. Le mariage, ce dur métier, disait-elle, pour lequel l'Eglise, le Code et sa mère lui avaient recommandé la plus grande résignation, la plus parfaite obéissance, sous peine de faillir à toutes les lois humaines et de causer d'irréparables malheurs, la jeta dans un étourdissement qui atteignait parfois à un délire vertigineux. Silencieuse et recueillie, elle s'écoutait autant qu'elle écoutait les autres. En éprouvant la plus violente difficulté d'être, selon l'expression de Fontenelle, et qui allait croissant, elle était épouvantée d'elle-même. La nature regimbait sous les ordres de l'âme, et le corps méconnaissait la volonté.

La pauvre créature, prise au piège, pleura sur le sein de la grande mère des pauvres et des affligés : elle eut recours à l'Eglise, elle redoubla de ferveur, elle confia les embûches du démon à son vertueux directeur, elle pria. Jamais, en aucun temps de sa vie, elle ne remplit ses devoirs religieux avec plus d'élan. Le désespoir de ne pas aimer son mari la jetait avec violence au pied des autels, où des voix divines et consolatrices lui recommandaient la patience. Elle fut patiente et douce. Elle continua de vivre, attendant le bonheur de la maternité.

— Avez-vous vu ce matin madame Graslin, disaient les femmes entre elles. Le mariage ne lui réussit pas, elle était verte.

— Oui, mais auriez-vous donné votre fille à un homme comme monsieur Graslin. On n'épouse pas impunément un pareil monstre.

Depuis que Graslin s'était marié, toutes les

mères qui, pendant dix ans, l'avaient pourchassé, l'accablaient d'épigrammes.

Véronique maigrissait et devenait réellement laide : ses yeux se fatiguaient, ses traits grossissaient, elle paraissait honteuse et gênée; ses regards offraient cette triste froideur, tant reprochée aux dévotes ; sa physionomie prenait des teintes grises.

Elle se traîna languissamment pendant cette première année de mariage, ordinairement si brillante pour les jeunes femmes. Aussi chercha-t-elle bientôt des distractions dans la lecture, en profitant du privilège qu'ont les femmes mariées de tout lire : elle lut les romans de Walter-Scott, les poëmes de lord Byron, les œuvres de Schiller et de Goëthe, enfin la nouvelle et l'ancienne littérature. Elle apprit à monter à cheval, à danser, à dessiner, elle lava des aquarelles et des sépia, recherchant avec ardeur toutes les ressources que les femmes opposent aux ennuis de la solitude. Enfin elle se donna cette seconde éducation que les femmes tiennent presque toutes d'un homme, et qu'elle ne tint que d'elle-même. La supériorité d'une nature franche, libre, élevée comme dans un désert, mais fortifiée par la religion lui avait imprimé une sorte de grandeur sauvage et des exigences auxquelles le monde de la province ne pouvait offrir aucune pâture.

Tous les livres s'efforçaient de lui peindre l'amour, elle cherchait les traces de ses lectures, et n'apercevait de passion nulle part; l'amour restait dans son cœur, vague et à l'état de germes qui attendent un coup de soleil. Cette profonde mélancolie et ses constantes méditations sur elle-même, durent la ramener par des sentiers obscurs aux rêves brillans de ses derniers jours de jeune fille : elle contempla plus d'une fois les poëmes romanesques dont elle fut alors à la fois le théâtre et le sujet ; elle revit cette terre baignée de lumière, fleurie, parfumée où tout lui caressait l'âme. Souvent ses yeux pâlis embrassaient les salons avec une curiosité pénétrante : les hommes qui se pressaient autour d'elle par politesse ressemblaient tous à Graslin, elle les étudiait et semblait interroger leurs femmes; mais n'apercevant aucune de ses douleurs intimes se révéler sur les figures, elle revenait sombre et triste, inquiète d'elle-même.

Les auteurs qu'elle avait lus le matin répondaient à ses plus hauts sentimens, leur esprit lui plaisait ; elle entendait le soir des banalités qu'on ne déguisait même pas sous une forme spirituelle, des conversations sottes, vides ou remplies par des intérêts locaux, personnels, sans importance pour elle. Elle s'étonnait de la chaleur déployée dans des discussions où il ne s'agissait point de sentiment, pour elle l'âme de la vie. On la voyait souvent les yeux fixes, hébétée, pensant sans doute aux heures de sa jeunesse ignorante, passées dans cette chambre pleine d'harmonies, alors détruites comme elle. Elle sentait une horrible répugnance à tomber dans le gouffre de petitesses où tournaient les femmes au milieu desquelles elle était forcée de vivre.

Ce dédain écrit sur son front, sur ses lèvres, mal déguisé, fut pris pour l'insolence d'une parvenue. Madame Graslin vit sur tous les visages une froideur, et sentit dans tous les discours une âcreté dont les raisons lui étaient inconnues; car elle n'avait pas encore pu se faire une amie assez intime pour être éclairée ou conseillée par elle. L'injustice, qui révolte les petits esprits, ramène en elles-mêmes les âmes élevées, et leur communique une sorte d'humilité : Véronique se condamna, chercha ses torts; elle voulut être affable, on la prétendit fausse; elle redoubla de douceur, on la fit passer pour hypocrite, et sa dévotion venait en aide à la calomnie; elle fit des frais, elle donna des dîners et des bals, elle fut taxée d'orgueil.

Malheureuse dans toutes ses tentatives, mal jugée, repoussée par l'orgueil bas et taquin qui distingue la société de province, où chacun est toujours armé de prétentions et d'inquiétudes, madame Graslin rentra dans la plus profonde solitude. Elle revint avec amour dans les bras de l'Eglise. Son grand esprit, entouré d'une chair si faible, lui fit voir dans les commandemens multipliés du catholicisme, autant de pierres plantées le long des précipices de la vie, autant de tuteurs apportés par de charitables mains pour soutenir la faiblesse humaine durant le voyage; elle suivait donc avec la plus grande rigueur ses moindres pratiques.

Le parti libéral inscrivit alors madame Graslin au nombre des dévotes de la ville. Elle fut classée parmi les ultras. Aux différens griefs qu'elle avait innocemment amassés, l'esprit de parti joignit donc ses exaspérations périodiques.

Comme elle ne perdait rien, elle abandonna le monde, se jeta dans la lecture qui lui offrait des ressources infinies. Elle méditait sur les livres, elle comparait les méthodes, elle augmentait démesurément la portée de son intelligence et l'étendue de son instruction, elle ouvrit ainsi la porte de son âme à la curiosité.

Durant ce temps d'études obstinées où la religion maintenait son esprit, elle obtint l'amitié de monsieur Grossetête, un de ces vieillards chez lesquels la vie de province a rouillé la supériorité, mais qui, au contact d'une vive intelligence, reprennent par places quelque brillant. Le bonhomme s'intéressa vivement à Véronique qui le récompensa de cette onctueuse et douce chaleur de cœur particulière aux vieillards, en déployant, pour lui, le premier, les trésors de son âme et les magnificences de son esprit si secrètement cultivé, mais alors chargé de fleurs.

Ce fragment d'une lettre écrite alors à monsieur Grossetête peindra la situation où se trouvait cette femme qui devait donner un jour les gages d'un caractère si ferme et si élevé.

« **Les fleurs** que vous m'avez envoyées pour le bal étaient charmantes, mais elles m'ont suggéré de cruelles réflexions. Ces jolies créatures cueillies par vous et destinées à mourir sur mon sein et dans mes cheveux en ornant une fête, m'ont fait songer à celles qui naissent et meurent dans vos bois sans avoir été vues, et dont les parfums n'ont été respirés par personne. Je me suis demandé pourquoi je dansais, pourquoi je me parais, de même que je demande à Dieu pourquoi je suis dans ce monde? Vous le voyez, mon ami, tout est piège pour le malheureux, les moindres choses ramènent les malades à leur mal ; mais le plus grand tort de certains maux est une persistance qui les fait devenir une idée. Une douleur constante n'est-elle pas alors une pensée divine ? Vous aimez les fleurs pour elles-mêmes, moi, je les aime comme j'aime à entendre une belle musique. Ainsi, comme je vous le disais, le secret d'une foule de choses me manque. Vous, mon vieil ami, vous avez une passion, vous êtes horticulteur et botaniste. A votre retour en ville, communiquez-moi votre goût, faites que j'aille à ma serre d'un pied agile comme vous allez à la vôtre, contempler les développemens des plantes, vous épanouir et fleurir avec elles, admirer ce que vous avez créé, voir des couleurs nouvelles, inespérées, qui s'étalent et croissent sous vos yeux, et par la vertu de l'eau que vous leur versez. Je sens un ennui navrant. Ma serre à moi ne contient que des âmes souffrantes. Les misères que je m'efforce de soulager m'attristent l'âme, et quand je les épouse, quand après avoir vu quelque jeune femme sans linge pour son nouveau-né, quelque vieillard sans pain, j'ai pourvu à leurs besoins, les émotions que m'a causées leur détresse calmée ne suffisent pas à mon âme. Ah! mon ami, je sens en moi des forces superbes et malfaisantes peut-être, que rien ne peut humilier, que les plus durs commandemens de la religion n'abattent pas. En allant voir ma mère, et me trouvant seule dans la campagne, il me prend des envies de crier, et je crie. Il semble que mon corps soit la prison où quelque mauvais génie retienne une créature gémissant et attendant les paroles mystérieuses qui doivent briser une forme importune ; mais la comparaison n'est pas juste : chez moi, n'est-ce pas au contraire le corps qui s'ennuie, si je puis employer cette expression, la religion n'occupe-t-elle pas mon âme, la lecture et ses richesses ne nourrissentelles pas incessamment mon esprit? Pourquoi désiré-je une souffrance qui romprait la paix énervante de ma vie? Si quelque sentiment, quelque manie à cultiver ne vient à mon aide, je me sens aller dans un gouffre où toutes les idées s'émoussent, où le caractère s'amoindrit, où les ressorts se détendent, où les qualités s'assouplissent, où toutes les forces de l'âme s'éparpillent, et où je ne serai plus l'être que la nature a voulu que je sois. Voilà ce que signifient mes cris; mais qu'ils ne vous empêchent pas de m'envoyer des fleurs. Votre amitié si douce et si bienveillante m'a, depuis quelques mois, réconciliée avec moi-même. Oui, je me trouve heureuse de savoir que vous jetez un coup-d'œil ami sur mon âme à la fois déserte et fleurie, que vous avez une parole douce pour accueillir à son retour la fugitive quand elle a monté le cheval fougueux du rêve et qu'elle revient brisée. »

A l'expiration de la seconde année de son

mariage, Graslin voyant sa femme ne plus se servir de ses chevaux, et trouvant un bon marché, les vendit. Il vendit les voitures, renvoya le cocher, se laissa prendre son cuisinier par l'évêque, et le remplaça par une cuisinière. Il ne donna plus rien à sa femme, en lui disant qu'il paierait tous ses mémoires. Il fut le plus heureux mari du monde, en ne rencontrant aucune résistance à ses volontés chez cette femme qui lui avait apporté un million de fortune.

Madame Graslin avait été nourrie, élevée sans connaître l'argent, sans être obligée de le faire entrer comme un élément indispensable dans la vie, son abnégation était donc sans mérite. Aussi Graslin trouva-t-il dans un coin du secrétaire les sommes qu'il avait remises à sa femme, moins l'argent des aumônes et celui de la toilette, laquelle fut peu dispendieuse à cause des profusions de la corbeille de mariage. Graslin vanta Véronique à tout le monde comme le modèle des femmes. Il déplora le luxe de ses ameublemens qu'il fit couvrir de housses et il eut le soin de tout empaqueter. La chambre, le boudoir et le cabinet de toilette de sa femme furent seuls exceptés de ses mesures conservatrices qui ne conservèrent rien, car les meubles s'usent aussi bien sous les housses que sans housses. Il habita le rez-de-chaussée de sa maison, où ses bureaux étaient établis, il y reprit sa vie, en chassant aux affaires avec la même activité que par le passé.

L'Auvergnat se crut un excellent homme en assistant au dîner et au déjeûner préparés par les soins de sa femme, mais son inexactitude fut si grande, qu'il ne lui arrivait pas dix fois par mois de commencer les repas avec elle; aussi par délicatesse avait-il exigé qu'elle ne l'attendît point; mais Véronique restait jusqu'à ce qu'il fût venu, pour le servir elle-même, voulant au moins accomplir ses obligations d'épouse, en quelque point visible. Jamais le banquier, à qui les choses du mariage étaient assez indifférentes, et qui n'avait vu que sept cent cinquante mille francs dans sa femme, ne s'aperçut des répulsions de Véronique. Insensiblement, il abandonna madame Graslin pour les affaires. Quand il voulut mettre un lit dans une chambre attenant à son cabinet, elle s'empressa de le satisfaire.

Ainsi, dix-huit mois après leur mariage, ces deux êtres mal assortis se retrouvèrent chacun dans leur sphère primitive, heureux l'un et l'autre d'y revenir. L'homme d'argent avait dix-huit cent mille francs à lui. Son activité s'était triplée avec sa fortune, et il revint avec d'autant plus de force à ses habitudes avaricieuses qu'il les avait momentanément quittées. Ses deux commis et son garçon de peine étaient mieux logés, un peu mieux nourris, voilà quelle fut la différence entre le présent et le passé. Il laissait à sa femme une cuisinière et une femme de chambre, deux domestiques indispensables, mais, excepté le strict nécessaire, il ne sortit rien de sa caisse pour son ménage.

Heureuse de la tournure que les choses avaient prise, Véronique vit, dans la satisfaction de son mari, une compensation au sacrifice qu'il paraissait faire, par une séparation qu'elle n'aurait jamais demandée : elle ne savait pas être aussi désagréable à Graslin que Graslin était repoussant pour elle. Ce divorce secret la rendit à la fois triste et joyeuse, elle avait compté sur la maternité pour donner un intérêt à sa vie; mais malgré leur résignation mutuelle, les deux époux atteignirent l'année 1827 sans avoir d'enfant.

Ainsi, au milieu de sa magnifique maison enviée par toute une ville, madame Graslin se trouva dans la solitude où elle était dans le bouge de son père, moins l'espérance, moins les joies enfantines de l'ignorance. Elle y vivait dans les ruines de ses châteaux en Espagne, éclairée par une triste expérience, soutenue par sa foi religieuse, occupée des pauvres de la ville qu'elle comblait de bienfaits : elle faisait des layettes pour les enfans ; elle donnait des matelas et des draps à ceux qui couchaient sur la paille ; elle allait partout suivie de sa femme de chambre, une jeune Auvergnate que sa mère lui procura, et qui s'attacha corps et âme à elle, elle en fit un vertueux espion, chargée de découvrir les endroits où il y avait une souffrance à calmer, une misère à adoucir.

Cette bienfaisance active, mêlée au plus strict accomplissement des devoirs religieux, était ensevelie dans un profond mystère et dirigée d'ailleurs par les curés de la ville, avec lesquels Véronique s'entendait pour toutes ses bonnes œuvres, afin de ne pas laisser perdre entre les mains du vice l'argent utile à des malheurs immérités.

Pendant cette période, elle conquit une amitié tout aussi vive, tout aussi précieuse que celle du vieux Grossetête, elle devint l'ouaille bien-aimée d'un prêtre supérieur, persécuté pour son mérite incompris, l'un des grands vicaires du diocèse, nommé Dutheil.

L'abbé Dutheil appartenait à la minime portion du clergé français qui penche vers quelques concessions, qui voudrait associer l'Eglise aux intérêts populaires pour lui faire reconquérir ainsi son ancienne influence sur les masses qu'elle relierait alors à la monarchie. Soit que l'abbé Dutheil eût reconnu l'impossibilité d'éclairer la cour de Rome et le haut clergé, soit qu'il eût sacrifié ses opinions à celles de ses supérieurs, il demeurait dans les termes de la plus rigoureuse orthodoxie, tout en sachant que la seule manifestation de ses principes lui fermait le chemin de l'épiscopat. Ce prêtre éminent offrait la réunion d'une grande modestie chrétienne et d'un grand caractère. Sans orgueil ni ambition, il restait à son poste en y accomplissant ses devoirs au milieu des périls. Les libéraux de la ville ignoraient les motifs de sa conduite, ils s'appuyaient de ses opinions et le comptaient comme un patriote, mot qui signifie révolutionnaire dans la langue catholique. Aimé par les inférieurs qui n'osaient proclamer son mérite, mais redouté par ses égaux qui l'observaient, il gênait l'évêque. Ses vertus et son savoir, enviés peut-être, empêchaient toute persécution : il était impossible de se plaindre de lui, quoiqu'il critiquât les maladresses politiques par lesquelles le trône et le clergé se compromettaient mutuellement, il en signalait les résultats à l'avance et sans succès, comme la pauvre Cassandre, également maudite avant et après la chute de sa patrie. A moins d'une révolution, l'abbé Dutheil était de ces pierres condamnées à rester dans l'angle de l'édifice,

comme une fondation sur laquelle tout repose.
On reconnaissait son utilité, mais on le laissait
à sa place obscure, comme la plupart des solides esprits dont l'avènement au pouvoir est
l'effroi des médiocrités. Si, comme l'abbé de
Lamennais, il eût pris la plume, il eût été
sans doute comme lui foudroyé par la cour de
Rome.

Comme homme, l'abbé Dutheil était impo-
sant. Son extérieur annonçait une de ces âmes
profondes et néanmoins unies et calmes. Sa
taille élevée, sa maigreur ne nuisaient point
à l'effet général de ses lignes qui rappelaient
celles que le génie des peintres espagnols ont
le plus affectionnées pour représenter les
grands méditateurs monastiques, et celles qu'a
trouvées récemment Thorwaldsen pour les
apôtres. Presque raides, ces longs plis du visage, en harmonie avec ceux du vêtement, ont
cette grâce que le moyen-âge a mise en relief
dans les statues mystiques, collées au portail

de ses églises. La gravité des pensées, celle de la parole et celle de l'accent, séyaient bien à l'abbé Dutheil. A voir ses yeux noirs creusés par les austérités et entourés d'un cercle brun, à voir son front jaune comme une vieille pierre, sa tête et ses mains presque décharnées, personne n'eût voulu entendre sortir de sa bouche une autre voix, ni d'autres maximes. Cette grandeur purement physique, donnait à ce prêtre quelque chose de hautain, de dédaigneux, que ses vertus, sa modestie, sa parole démentaient aussitôt ; mais qui ne prévenaient pas en sa faveur. Dans un rang élevé, ces avantages lui eussent fait obtenir cet ascendant nécessaire sur les masses, et qu'elles laissent prendre sur elles par des hommes ainsi doués ; mais les supérieurs ne pardonnent pas à leurs inférieurs de posséder les dehors de la grandeur, ni de déployer cette majesté tant prisée des anciens et qui manque si souvent aux organes du pouvoir.

Par une de ces bizarreries qui ne semblera naturelle qu'aux plus fins courtisans, l'autre vicaire-général, l'abbé de Grancour, petit homme gros, gras, court, au teint fleuri, aux yeux bleus, et dont les opinions étaient contraires à celles de l'abbé Dutheil, allait assez volontiers avec lui, sans néanmoins rien témoigner qui put lui ravir les bonnes grâces de l'évêque, auquel il aurait tout sacrifié. L'abbé de Grancour croyait au mérite de son collègue, il en reconnaissait les talens, il admettait secrètement sa doctrine et la condamnait publiquement : il était de ces gens que la supériorité attire et intimide, qui la haïssent et la cultivent. L'abbé de Grancour n'avait ni amis ni ennemis, il devait mourir vicaire-général. Il se dit attiré chez Véronique par le désir de conseiller une si religieuse et si bienfaisante personne, et l'évêque l'approuva ; mais au fond il fut enchanté de pouvoir passer quelques soirées avec l'abbé Dutheil.

Ces deux prêtres vinrent dès-lors voir assez régulièrement Véronique, afin de lui faire une sorte de rapport sur les malheureux et discuter les moyens de les servir, de les moraliser.

Mais d'année en année, monsieur Graslin resserra les cordons de sa bourse en apprenant, malgré les ingénieuses tromperies de sa femme et d'Aline, que l'argent demandé ne servait ni à la maison, ni à la toilette. Il se courrouça quand il calcula ce que la charité de sa femme coûtait à sa caisse. Il voulut compter avec la cuisinière, il entra dans les minuties de la dépense et montra quel grand administrateur il était, en démontrant par la pratique que sa maison devait aller splendidement avec mille écus. Puis il composa, de clerc à maître, avec sa femme, pour ses dépenses, en lui allouant cent francs par mois, et vanta cet accord comme une magnificence royale. Le jardin de sa maison, livré à lui-même, fut fait le dimanche par le garçon de peine qui aimait les fleurs. Après avoir renvoyé le jardinier, Graslin convertit la serre en un magasin où il déposa les marchandises consignées chez lui en garantie de ses prêts. Il laissa mourir de faim les oiseaux de la grande volière pratiquée au-dessus de la glacière, afin de supprimer la dépense de leur nourriture. Puis il s'autorisa d'un hiver où il ne gela point pour ne plus payer le transport de la glace.

En 1825, il n'était pas une chose de luxe qui ne fût condamnée. La parcimonie régna sans opposition à l'hôtel Graslin. La face du maître, améliorée pendant les quinze mois qu'il avait passés près de sa femme, qui lui faisait suivre avec exactitude les prescriptions du médecin, redevint plus rouge, plus ardente, plus fleurie que par le passé. Les affaires étaient devenues si considérables, que le garçon de peine fut promu, comme le maître autrefois, aux fonctions de caissier; il fallut trouver un Auvergnat pour les gros travaux de la maison Graslin. Ainsi trois ans après son mariage, cette femme si riche ne pouvait disposer d'un écu. A l'avarice de ses parens succédait l'avarice de son mari. La femme ne comprit pas plus que la jeune fille la nécessité de l'argent.

CHAPITRE SIXIÈME.

La belle madame Graslin.

En 1825, Véronique retrouva la santé florissante qui rendait si belle la jeune fille innocente assise à sa fenêtre dans la vieille maison, rue de la Cité ; mais la jeune fille n'existait plus, la femme avait acquis une grande instruction littéraire, elle savait penser et parler. Un jugement exquis donnait à son trait de la profondeur. Elle portait avec une grâce infinie les toilettes à la mode, elle s'était habituée aux petites choses du monde. Quand par hasard elle revenait dans un salon, elle s'y trouvait, non sans surprise, entourée par une sorte d'estime respectueuse. Ce sentiment et cet accueil furent dus à messieurs de Grandcour et Dutheil, au vieux Grossetête.

Instruits d'une si belle vie cachée et de bienfaits si constamment accomplis, quelques personnes influentes et l'évêque avaient parlé de cette fleur de piété vraie, de cette violette parfumée de vertus. Il y eut alors en faveur de madame Graslin une de ces réactions qui, lentement préparées, n'en ont que plus de durée et de solidité. Cette réaction amena l'influence de son salon qui fut hanté par les supériorités de la ville, et voici comment.

Le jeune baron de Grandville fut envoyé cette année, en qualité d'avocat-général, au parquet de la cour de Limoges, précédé d'une double réputation de magistrat et homme d'esprit. Quelques jours après son arrivée, en pleine soirée de préfecture, il répondit à une assez sotte demande que la femme la plus aimable, la plus spirituelle, la plus distinguée de la ville était madame Graslin.

— Elle est peut-être aussi la plus belle? dit la femme du receveur-général.

— Je n'ose en convenir devant vous, répliqua-t-il, je suis alors dans le doute; mais madame Graslin possède une beauté dont vous ne sauriez être jalouse, elle ne se montrera jamais au grand jour. Madame Graslin est belle pour ceux qu'elle aime, et vous êtes belle pour tout le monde. Chez madame Graslin, l'âme, quand elle est mise en mouvement par un enthousiasme vrai, répand sur sa figure une expression qui la change. Sa physionomie est comme un paysage triste en hiver, magnifique en été : le monde la verra toujours en hiver. Quand elle cause avec des amis sur quelque sujet littéraire ou philosophique, sur des questions religieuses qui l'intéressent, elle s'anime, et il apparaît soudain une femme inconnue d'une beauté merveilleuse.

Cette déclaration, fondée sur la remarque du phénomène qui jadis rendait Véronique si belle à son retour de la sainte Table, fit grand bruit dans Limoges où, pour le moment, le nouvel avocat-général, à qui la première place du parquet était, dit-on, promise, jouait le rôle de *lion*.

Dans toutes les villes de province, un homme élevé de quelques lignes au-dessus des autres devient pour un temps plus ou moins long l'objet d'un engouement qui ressemble à de l'enthousiasme, et qui trompe l'objet de ce culte passager auquel nous devons les génies d'arrondissement, les gens méconnus et leurs fausses supériorités incessamment chagrinées. Cet homme, que les femmes mettent à la mode, est plus souvent un étranger qu'un homme du pays ; mais à l'égard du baron de Grandville, ces admirations ne se trompèrent point.

Madame Graslin était la seule avec laquelle le jeune baron avait pu échanger ses idées et avoir une conversation variée. Quelques mois après son arrivée, l'avocat-général, attiré par le charme croissant de la conversation et des manières de Véronique, proposa donc à l'abbé Dutheil, et à quelques hommes remarqubles de la ville, de jouer au whist chez madame Graslin.

Dès-lors, Véronique reçut cinq fois par semaine, car il y avait par semaine deux soirées en ville obligées pour ses amis, et d'ailleurs elle se ménagea volontiers deux jours de liberté.

Quand elle eut autour d'elle les seuls hommes supérieurs de la ville, quelques autres personnes ne furent pas fâchées de se donner un brevet d'esprit en venant à l'hôtel Graslin. Véronique admit chez elle les trois ou quatre militaires remarquables de la garnison et de l'état-major. La liberté d'esprit dont jouissaient ses hôtes, la discrétion absolue à laquelle on était tenu sans convention, mais par l'adoption des manières et des doctrines de la société la plus élevée, la rendirent extrêmement difficile sur l'admission de ceux qui briguèrent l'honneur de sa compagnie. Les femmes de la ville ne virent pas sans jalousie madame Graslin entourée des hommes les plus spirituels, les plus aimables de Limoges ; mais son pouvoir fut alors d'autant plus étendu qu'elle fut plus réservée : elle accepta quatre ou cinq femmes étrangères, venues de Paris avec leurs maris, et qui avaient en horreur le commérage des provinces. Si quelque femme faisait une visite, par un accord tacite, la conversation changeait aussitôt, les habitués ne disaient plus que des riens.

L'hôtel Graslin devint donc une oasis où les esprits supérieurs se désennuyèrent de la vie de province, où les gens attachés au gouvernement purent causer à cœur ouvert sur la politique sans avoir à craindre qu'on répétât leurs paroles, où l'on se moqua finement de tout ce qui était moquable, où chacun quitta l'habit de sa profession pour s'abandonner à son vrai caractère.

Ainsi, après avoir été la plus obscure fille de Limoges, avoir été regardée comme nulle, laide et sotte, au commencement de l'année 1826, madame Graslin était la première personne de la ville et la plus célèbre du monde féminin.

Personne ne venait la voir le matin. Chacun connaissait ses habitudes de bienfaisance et la ponctualité de ses pratiques religieuses. Elle allait presque toujours entendre la première messe, afin de ne pas retarder le déjeûner de son mari qui n'avait aucune régularité, mais qu'elle tenait à servir. Graslin s'était habitué à sa femme en cette petite chose. Cette habitude avait sa raison dans la conscience des deux époux : Graslin se donnait ainsi l'air d'être en ménage, et Véronique y voyait un accomplissement de ses devoirs de femme. Aussi, jamais Graslin ne manquait-il à faire l'éloge de sa femme, il la trouvait accomplie, elle ne lui demandait rien. Il entassait écus sur écus, il s'épanouissait dans le terrain des affaires, il avait ouvert des relations avec la maison Brézac, il voguait par une marche ascendante et progressive sur l'océan commercial. Son intérêt surexcité le maintenait dans la calme et enivrante fureur des joueurs attentifs aux grands événemens du tapis vert de la Spéculation.

Pendant cet heureux temps, à partir du commencement de l'année 1827, madame Graslin arriva sous les yeux de ses amis à un

point de beauté vraiment extraordinaire, et
dont les raisons ne furent jamais bien expli-
quées. Le bleu de l'iris s'agrandit comme
une fleur et diminua le cercle brun des prunelles, en paraissant trempé d'une lueur moite
et languissante, pleine d'amour. Son front, il-
luminé par des souvenirs, par des pensées de
bonheur, blanchissait comme un faîte à l'au-
rore, et paraissait purifié dans ses lignes intérieures. Son visage perdit ces ardens tons bruns
qui annonçaient un commencement d'hépa-
tite, la maladie des tempéramens vigoureux,
ou des personnes dont l'âme est souffrante,
dont les affections sont contrariées. Ses tempes devinrent d'une adorable fraîcheur. On
voyait enfin souvent, par échappées, le visage
céleste, digne de Raphaël, que la maladie
avait encroûté comme le temps encrasse une
toile de ce grand maître. Ses mains devinrent
blanches, ses épaules prirent une délicieuse
plénitude ; ses mouvemens jolis et animés

rendirent à sa taille flexible et souple toute sa valeur. Les femmes de la ville l'accusèrent d'aimer monsieur de Grandville qui, d'ailleurs, lui faisait une cour assidue, et à laquelle Véronique opposait les barrières d'une pieuse vertu. L'avocat-général professait pour elle une de ces admirations respectueuses, à laquelle ne se trompaient point les habitués de ce salon. Les prêtres et les gens d'esprit devinèrent bien que cette affection, amoureuse chez le jeune magistrat, ne sortait pas des bornes permises chez madame Graslin. Lassé d'une résistance appuyée sur les sentimens les plus religieux, le baron de Grandville avait, à la connaissance des intimes de cette société, de faciles amitiés qui cependant n'empêchaient point sa constante admiration et son culte auprès de la belle madame Graslin, car telle était, en 1827, la manière dont on la nommait à Limoges.

Les plus clairvoyans attribuèrent le changement de physionomie qui rendit Véronique encore plus charmante pour ses amis, aux secrètes délices qu'éprouve toute femme, même la plus religieuse, à se voir courtisée, à la satisfaction de vivre enfin dans le milieu qui convenait à son esprit, au plaisir d'échanger ses idées et qui dissipa l'ennui de sa vie, au bonheur d'être entourée d'hommes aimables, instruits, de vrais amis dont l'attachement s'accroissait de jour en jour.

Peut-être eût-il fallu des observateurs encore plus profonds, plus perspicaces ou plus défiants que ne l'étaient les habitués de l'hôtel Graslin pour deviner cette grandeur sauvage, cette force du peuple que Véronique avait refoulée au fond de son âme. Si quelquefois elle était surprise en proie à la torpeur d'une méditation, ou sombre, ou simplement pensive, chacun de ses amis savait qu'elle portait en son cœur bien des misères, qu'elle s'était sans doute initiée le matin à bien des douleurs, qu'elle pénétrait en des sentines où les vices épouvantaient par leur naïveté. Souvent le premier avocat-général la grondait de quelque bienfait inintelligent que, dans les secrets de ses instructions correctionnelles, la justice avait trouvé comme un encouragement à des crimes ébauchés.

— Vous faut-il de l'argent pour quelques-uns de vos pauvres, lui disait alors le vieux Grossetête en lui prenant une main et en la mettant dans les siennes, je serai complice de vos bienfaits.

— Il est impossible de rendre tout le monde riche, répondait-elle en poussant un soupir.

Au commencement de l'année 1828, arriva l'événement qui devait changer entièrement la vie intérieure de madame Graslin, et métamorphoser de la manière la plus déplorable la magnifique expression de sa physionomie, pour en faire d'ailleurs un portrait mille fois plus intéressant aux yeux des peintres.

Graslin, assez inquiet de sa santé, ne voulut plus, au grand désespoir de sa femme, habiter son rez-de-chaussée, il remonta dans l'appartement conjugal, où il se fit soigner. Ce fut bientôt une nouvelle à Limoges que l'état de madame Graslin : elle était grosse. Sa tristesse, mélangée de joie, occupa ses amis qui devinèrent alors que, malgré sa piété, ses vertus, elle était heureuse de la manière dont elle avait jusqu'alors vécu avec son mari. Peut-être espérait-elle de meilleures destinées, depuis le jour où l'avocat-général lui avait fait la cour? Au commencement de l'hiver, monsieur de Grandville avait refusé d'épouser la plus riche héritière du Limousin. Il avait été prouvé dèslors aux profonds politiques qui faisaient entre deux parties de whist, la police des sentimens et des fortunes, que le magistrat et la jeune femme fondaient sur l'état maladif du banquier des espérances presque ruinées par cet événement. Les troubles profonds qui marquèrent cette période de la vie de Véronique, les inquiétudes qu'un premier accouchement cause à toutes les femmes, et qui, dit-on, offre des dangers, alors qu'il arrive après la première jeunesse, rendirent ses amis plus attentifs auprès d'elle. Chacun déploya mille petits soins qui lui prouvèrent combien leurs affections étaient vives et solides.

SEPTIÈME CHAPITRE.

Le crime.

Dans cette même année, Limoges devait avoir le terrible spectacle et le drame singulier du célèbre procès Tascheron, dans lequel le baron de Grandville déploya les talens qui contribuèrent plus tard à le faire nommer procureur-général.

On avait assassiné, dans le faubourg Saint-Etienne, un vieillard qui habitait une maison isolée. Un grand jardin fruitier sépare du faubourg cette maison, également séparée de la campagne par un jardin d'agrément que terminent d'anciennes serres en ruines et alors abandonnées par le propriétaire. La rive de la Vienne forme devant cette habitation un talus rapide dont l'inclinaison permet de voir la rivière. La cour en pente finit à la berge par un petit mur où, de distance en distance, s'élèvent des pilastres réunis par des grilles, plus pour l'ornement que pour la déffense, car les bareaux sont en bois peint.

Ce vieillard, nommé Pingret, était célèbre par son avarice. Il vivait avec une seule servante, une campagnarde à laquelle il faisait faire ses labours. Il soignait lui-même ses espaliers, taillait ses arbres, récoltait ses fruits, et les envoyait vendre en ville, ainsi que des primeurs à la culture desquelles il excellait.

La nièce de ce vieillard et sa seule héritière, mariée à un petit rentier de la ville, monsieur des Vanneaulx, avait maintes fois prié son oncle de prendre un homme pour garder sa maison, en lui démontrant qu'il y gagnerait les produits de plusieurs carrés plantés d'arbres en plein vent, où il semait lui-même des grenailles, mais il s'y était constamment refusé.

Cette contradiction chez un avare avait donné matière à bien des causeries conjecturales dans les maisons où les des Vanneaulx passaient la soirée. Plus d'une fois, les réflexions entrecoupèrent les parties de boston. Quelques esprits matois avaient conclu en présumant un trésor enfoui dans les luzernes.

— Si j'étais à la place de madame des Vanneaulx, disait un agréable rieur, je ne tourmenterais point mon oncle : si on l'assassine, eh bien! on l'assassinera. J'hériterais.

Madame des Vanneaulx voulait faire garder son oncle, comme les entrepreneurs du Théâtre-Italien prient leur tenor à recettes de se bien couvrir le gosier, et lui donnent leur manteau quand il a oublié le sien. Elle avait offert au petit Pingret un superbe chien de basse-cour, le vieillard le lui avait renvoyé par Jeanne Malassis, sa servante.

— Votre oncle ne veut point d'une bouche de plus à la maison, dit-elle à madame des Vanneaulx.

L'événement prouva combien les craintes de la nièce étaient fondées. Pingret fut assassiné, pendant une nuit noire, au milieu d'un carré de luzerne où il ajoutait sans doute quelques louis à un pot plein d'or La servante, réveillée par la lutte, avait eu le courage de venir au secours du vieil avare. Le meurtrier s'était trouvé dans l'obligation de la tuer pour supprimer son témoignage. Ce calcul, qui détermine presque toujours les assassins à augmenter le nombre de leurs victimes, est un malheur engendré par la peine capitale qu'ils ont en perspective.

Ce double meurtre fut accompagné de circonstances bizarres qui devaient donner autant de chances à l'Accusation qu'à la Défense.

Quand les voisins furent une matinée sans voir ni le petit père Pingret ni sa servante ; lorsqu'en allant et venant, ils examinèrent sa maison à travers les barreaux de bois et trouvèrent, contre tout usage, les portes et les fenêtres fermées, il y eut dans le faubourg Saint-Etienne une rumeur qui remonta jusqu'à la rue des Cloches où demeurait madame des Vanneaulx. La nièce avait toujours l'esprit préoccupé d'une catastrophe.

La Justice avertie par l'héritière enfonça les portes. On vit bientôt dans les quatre carrés, quatre trous vides, et jonchés à l'entour par les débris de pots pleins d'or la veille. Dans deux des trous mal rebouchés, les corps du père Pingret et de Jeanne Malassis avaient été ensevelis avec leurs habits. La pauvre fille était accourue pieds nus, en chemise.

Pendant que le procureur du roi, le commissaire de police et le juge d'instruction recueillaient les élémens de la procédure, l'infortuné des Vanneaulx recueillait les débris des pots, et calculait la somme volée d'après leur contenance. Les magistrats reconnurent la justesse des calculs, en estimant à mille pièces par pot les trésors envolés : étaient-elles de quarante-huit ou de quarante, de vingt-quatre ou de vingt francs? Tous ceux qui, dans Limoges, attendaient des héritages, partagèrent la douleur de monsieur et de madame des Vanneaulx. Les imaginations limousines furent vivement stimulées par le spectacle de ces pots à or brisés.

Quant au petit père Pingret, qui souvent venait vendre des légumes lui-même au marché, qui vivait d'oignons et de pain, qui ne dépensait pas cent francs par an, n'obligeait ou ne désobligeait personne, et n'avait pas fait un scrupule de bien dans le faubourg Saint-Etienne, il n'excitait aucun regret.

Quant à Jeanne Malassis, son héroïsme, que le vieil avare aurait à peine reconnu, fut jugé comme intempestif; le nombre des âmes qui l'admirèrent fut petit en comparaison de ceux qui dirent : Moi j'aurais joliment dormi !

Les gens de justice ne trouvèrent ni encre ni plume pour verbaliser dans cette maison nue, délabrée, froide et sinistre. Les curieux et l'héritier aperçurent alors les contresens qui se remarquent chez certains avares. L'effroi du petit vieillard pour la dépense éclatait sur les toits non réparés qui ouvraient leurs flancs à la lumière, à la pluie et à la neige; dans les lézardes vertes qui sillonnaient les murs, dans les portes pourries prêtes à tomber au moindre choc, et les vitres en papier non huilé. Partout des fenêtres sans rideaux, des cheminées sans glaces ni chenets, dont l'âtre propre était garni d'une bûche et de petits bois presque vernis par la sueur du tuyau ; puis des chaises boiteuses, deux couchettes maigres et plates, des pots fêlés, des assiettes rattachées, des fauteuils manchots : à son lit, des rideaux que le temps avait brodés de ses mains hardies, un secrétaire mangé par les vers où il serrait ses graines, du linge épaissi par les reprises et les coutures ; enfin un tas de haillons qui ne vivaient que soutenus par l'esprit du maître, et qui, lui mort, tombèrent en loques, en poudre, en dissolution chimique, en ruines, en je ne sais quoi sans nom, dès que les mains brutales de l'héritier furieux ou des gens officiels y touchèrent. Ces choses disparurent comme effrayées d'une vente publ'que.

La grande majorité de la capitale du Limousin s'intéressa long-temps à ces braves des Vanneaulx qui avaient deux enfans ;

mais quand la justice crut avoir trouvé l'auteur présumé du crime, ce personnage absorba l'attention, il devint un héros et les des Vanneaulx restèrent dans l'ombre de ce tableau dramatique.

Vers la fin du mois de mars, madame Graslin avait éprouvé déjà quelques-uns de ces malaises que cause une première grossesse et qui ne peuvent plus se cacher. La justice informait alors sur le crime commis au faubourg Saint-Etienne; l'assassin n'était pas encore arrêté. Véronique était au lit et recevait ses amis, le soir, dans sa chambre à coucher. On y faisait la partie. Depuis quelques jours, madame Graslin ne sortait plus : elle avait eu des caprices singuliers attribués à sa grossesse. Sa mère venait la voir presque tous les jours, et ces deux femmes restaient ensemble pendant des heures entières. Il était neuf heures, les tables de jeu restaient sans joueurs, tout le monde causait de l'assassinat et des

des Vanneaulx. L'avocat-général entra.

— Nous tenons l'assassin du père Pingret, dit-il d'un air joyeux.

— Qui est-ce? lui demanda-t-on de toutes parts.

— Un ouvrier porcelainier dont la conduite est excellente et qui devait faire fortune. Il travaillait à l'ancienne manufacture de votre mari, dit-il en se tournant vers madame Graslin.

— Qui est-ce? demanda-t-elle aussi d'une voix faible.

— Jean-François Tascheron.

— Le malheureux! répondit-elle. Oui, je l'ai vu plusieurs fois, car mon pauvre père me l'avait recommandé comme un précieux sujet.

— Il n'y était déjà plus avant la mort de Sauviat, il avait passé dans la fabrique de messieurs Philippart qui lui ont fait des avantages, répondit la vieille Sauviat. Mais ma fille est-elle assez bien pour entendre cette conversation? dit-elle en regardant madame Graslin qui était devenue blanche comme ses draps.

Dès cette soirée, la vieille mère Sauviat abandonna sa maison et vint, malgré ses soixante-six ans, se constituer la garde-malade de sa fille. Elle ne quitta pas la chambre, les amis de madame Graslin la trouvèrent à toute heure héroïquement placée au chevet du lit où elle s'adonnait à son éternel tricot, couvant du regard Véronique comme au temps de la petite vérole, répondant pour elle et ne laissant pas toujours entrer les visites. L'amour maternel et filial de la mère et de la fille était si bien connu dans Limoges, que les façons de la vieille femme n'étonnèrent personne.

Quelques jours après, quand l'avocat-général voulut raconter les détails dont toute la ville était avide sur Jean-François Tascheron, en croyant amuser la malade, la Sauviat l'interrompit brusquement en lui disant qu'il allait encore causer de mauvais rêves à madame Graslin. Véronique pria monsieur de Grandville d'achever, en le regardant fixement. Ainsi les amis de madame Graslin connurent les premiers, et chez elle, par l'avocat-général, le résultat de l'instruction qui devait devenir bientôt publique. Voici, mais succinctement, les élémens de l'acte d'accusation que minutait alors le magistrat.

Jean-François Tascheron était fils d'un petit fermier chargé de famille qui habitait le bourg de Montégnac. Douze ans avant ce crime, devenu célèbre en Limousin, le canton de Montégnac se recommandait par ses mauvaises mœurs. Le parquet de Limoges disait proverbialement que sur cent condamnés du département, cinquante appartenaient à l'arrondissement d'où dépendait Montégnac. Depuis 1816, deux ans après l'envoi du curé Bonnet, Montégnac perdit sa triste réputation, et ses habitans cessèrent d'envoyer leur contingent aux assises. Ce changement fut attribué généralement à l'influence que monsieur Bonnet exerça sur cette commune, jadis le foyer des mauvais sujets qui désolaient le département. Le crime de Jean-François Tascheron rendait tout-à-coup à Montégnac son ancienne renommée.

Par un insigne effet du hasard, la famille Tascheron était presque la seule du pays qui jadis conservât ces vieilles mœurs exemplaires et ces habitudes religieuses que les observateurs voient aujourd'hui disparaître de plus en plus dans les campagnes. Elle avait donc fourni un point d'appui au curé, qui naturellement la portait dans son cœur. Cette famille, remarquable par sa probité, par son union, par son amour du travail, n'avait offert que de bons exemples à Jean-François Tascheron.

Amené à Limoges par l'ambition louable de gagner honorablement une fortune dans l'industrie, ce garçon avait quitté le bourg au milieu des regrets de ses parens et de ses amis qui le chérissaient. Durant deux années d'apprentissage, sa conduite fut digne d'éloges : aucun dérangement sensible n'avait annoncé le crime horrible par lequel finissait sa vie. Jean-François Tascheron passait à étudier et à s'instruire le temps que les autres ouvriers donnent à la débauche ou au cabaret. Les perquisitions les plus minutieuses de la justice de province, qui a beaucoup de temps à elle, n'avaient apporté aucune lumière sur les secrets de son existence intime. Soigneusement questionnée, l'hôtesse de la maigre maison garnie où demeurait Jean-François, n'avait jamais logé de jeune homme dont les mœurs fussent aussi pures, dit-elle. Il était d'un caractère aimable et doux, quasi gai. Environ une année avant de commettre ce crime, son humeur avait changé, il avait découché plusieurs fois par mois, et souvent quelques nuits de suite, dans quelle partie de la ville ? elle l'ignorait. Seulement, elle pensa plusieurs fois, par l'état des souliers, que son locataire revenait de la campagne. Quoiqu'il sortît de la ville, au lieu de prendre des souliers ferrés, il se servait d'escarpins. Avant de partir, il se faisait la barbe, se parfumait et mettait du linge blanc.

L'Instruction avait étendu ses perquisitions jusque dans les maisons suspectes et chez les femmes de mauvaise vie, mais Jean-François Tascheron y était inconnu. L'Instruction avait été chercher des renseignemens dans la classe des ouvrières et des grisettes, mais aucune des filles dont la conduite était légère n'avait eu de relations avec l'inculpé.

Un crime sans motif est inconcevable, surtout chez un jeune homme à qui sa tendance vers l'instruction et son ambition devaient faire accorder des idées et un sens supérieurs à ceux des autres ouvriers. Le parquet et le juge d'instruction attribuèrent à la passion du jeu l'assassinat commis par Tascheron; mais après de minutieuses recherches, il fut démontré que le prévenu n'avait jamais joué.

Jean-François se renfermait dans un système complet de dénégation qui, en présence du jury, devait tomber devant les preuves, mais qui dénotait l'intervention d'une personne pleine de connaissances judiciaires, ou douée d'un esprit supérieur. Les preuves, dont voici les principales, étaient, comme dans beaucoup d'assassinats, à la fois graves et légères.

L'absence de Tascheron pendant la nuit du crime, sans qu'il voulût dire où il était. Le prévenu ne daignait pas forger un alibi.

Un fragment de sa blouse déchirée à son insu par la pauvre servante dans la lutte, emporté par le vent, retrouvé dans un arbre.

Sa présence le soir autour de la maison remarquée par des passans, par des gens du faubourg, et qui, sans le crime, ne s'en seraient pas souvenus.

Une fausse clef fabriquée par lui-même, pour entrer par la porte qui donnait sur la campagne, et assez habilement enterrée dans un des trous, à deux pieds en contre-bas, mais que fouilla par hasard monsieur des Vanneaulx. L'Instruction finit par trouver qui avait fourni le fer, qui prêta l'étau, qui donna la lime. Cette clef fut le premier indice, elle avait mis sur la voie de Tascheron arrêté sur la limite du département, dans un bois où il attendait le passage d'une diligence. Une heure plus tard, il eût été parti pour l'Amérique.

Enfin, malgré le soin avec lequel les marques des pas avaient été effacées dans les terres labourées et sur la boue du chemin, le commissaire de police avait trouvé des empreintes d'escarpins qui furent décrites et conservées. Quand on fit des perquisitions chez Tascheron, les semelles de ses escarpins s'adaptaient parfaitement à ces traces. Cette fatale coïncidence concordait avec l'observation de la curieuse hôtesse.

L'Instruction attribuait le crime à une influence étrangère et non à une résolution personnelle elle croyait à une complicité, que démontrait l'impossibilité d'emporter les sommes enfouies. Quelque fort que soit un homme, il ne porte pas très loin vingt-cinq mille francs en or. Si chaque pot contenait cette somme, les quatre avaient nécessité quatre voyages. Or, une circonstance singulière déterminait l'heure à laquelle le crime fut commis. Dans l'effroi que les cris de son maître avaient dû lui causer, Jeanne Malassis, en se levant, avait renversé la table de nuit sur laquelle était sa montre. Cette montre, le seul cadeau que lui eût fait l'avare en cinq ans, avait eu son grand ressort brisé par le choc et indiquait une heure après minuit. Vers la mi-avril, époque du crime, le jour arrive entre quatre et cinq heures du matin. A quelque distance que les sommes eussent été transportées, Tascheron n'avait donc pu, dans le cercle des hypothèses embrassé par le juge d'instruction et le parquet, opérer à lui seul cet enlèvement. Le soin avec lequel Tascheron avait ratissé les traces des pas en négligeant celles des siens révélait d'ailleurs une mystérieuse assistance.

Forcée d'inventer, la Justice attribuait ce crime à une frénésie d'amour. L'objet de cette passion ne se trouvant pas dans la classe inférieure, elle jetait les yeux plus haut. Peut-être une bourgeoise, sûre de la discrétion d'un jeune homme taillé en Séide, avait-elle commencé un beau roman dont le dénouement était horrible?

Cette présomption était presque justifiée par la manière dont le meurtre avait été commis. Le vieillard avait été tué à coups de bêche. Ainsi son assassinat n'avait pas été prémédité, mais fortuit. Les deux amans avaient pu s'entendre pour voler, et non pour assassiner. L'amoureux Tascheron et l'avare Pingret, deux passions implacables s'étaient trouvées sur le même terrain, attirées toutes deux par les ténèbres épaisses de la nuit, et par l'or.

Pour obtenir quelque lueur sur cette sombre donnée, la Justice avait employé contre une sœur très aimée de Jean-François la ressource de l'arrestation et de la mise au secret, espérant pénétrer par elle les mystères de la vie privée du frère.

Denise Tascheron se renfermait dans un système de dénégation dicté par la prudence, et qui la faisait soupçonner d'être instruite des causes du crime, quoiqu'elle ne sût rien. Cette détention allait flétrir sa vie.

Le prévenu montrait un caractère bien rare chez les gens du peuple : il avait dérouté les plus habiles *moutons* avec lesquels il s'était trouvé, sans avoir reconnu leur caractère. Pour les esprits distingués de la magistrature,

Jean-François était donc criminel par passion et non par nécessité, comme la plupart des assassins ordinaires qui passent tous par la police correctionnelle et par le bagne avant d'en venir à leur dernier coup.

D'actives recherches, longues parce qu'elles durent être prudentes, se firent dans le sens de cette idée. L'invariable discrétion du criminel laissa toujours l'Instruction sans élémens.

Une fois le roman assez plausible de cette passion pour une femme du monde admis, plus d'une interrogation captieuse avait été lancée à Jean-François; mais sa discrétion triomphait de toutes les tortures morales que l'habileté du juge d'instruction lui imposait. Quand, par un dernier effort, le magistrat dit à Tascheron que la personne pour laquelle il avait commis le crime était connue et arrêtée, il n'avait pas même changé de visage, il s'était contenté de répondre ironiquement : — Je serais bien aise de la voir.

En apprenant ces circonstances, beaucoup de personnes partagèrent les soupçons des magistrats en apparence confirmés par le silence de sauvage que gardait l'accusé. L'intérêt s'attacha violemment à un jeune homme devenu comme un problème. Chacun comprendra facilement combien ces élémens entretinrent la curiosité publique, avec quelle avidité les débats allaient être suivis. Malgré les sondages de la police, l'Instruction s'était arrêtée sur le seuil de l'hypothèse sans oser pénétrer le mystère : elle y trouvait tant de dangers! En certains cas judiciaires, les demi-certitudes ne suffisent pas aux magistrats. On espérait donc voir la vérité surgir au grand jour de la bataille orale, moment où bien des criminels se démentent.

CHAPITRE HUITIÈME.

Les débats.

Monsieur Graslin fut un des jurés désignés pour siéger dans l'affaire de l'assassinat, en sorte que, soit par son mari, soit par monsieur de Grandville, Véronique sut alors les moindres détails du procès criminel qui, pendant une quinzaine de jours, tint en émoi le Limousin et la France.

L'attitude de l'accusé justifia la fabulation adoptée par la ville d'après les conjectures de la Justice. Plus d'une fois, son œil plongea dans l'assemblée de femmes privilégiées qui vinrent savourer les mille émotions de ce drame réel ; et, chaque fois que le regard de cet homme embrassa cet élégant parterre par un rayon clair, mais impénétrable, il y produisit de violentes secousses, tant chaque femme craignait de paraître sa complice, aux yeux inquisiteurs du Parquet et de la Cour.

Les inutiles efforts de l'Instruction reçurent alors leur publicité, et révélèrent les précautions prises pour assurer un plein succès à ce crime nécessaire.

Quelques mois avant la fatale nuit, Jean-François s'était muni d'un passeport pour l'Amérique du Nord. Ainsi le projet de quitter la France avait été formé, la femme devait être mariée, car il eut sans doute été inutile de s'enfuir avec une jeune fille. Le crime avait eu pour but d'entretenir l'aisance de cette inconnue. La Justice ne trouva sur les registres aucun passeport pour cette destination au nom d'aucune femme. Au cas où la complice se fut procuré son passeport à Paris, les registres avaient été consultés, mais en vain, comme dans les préfectures environnantes.

Les moindres détails de l'affaire mettaient ainsi en lumière les profondes réflexions d'une maîtresse femme. Si les dames limousines les plus vertueuses attribuaient l'usage, assez inexplicable dans la vie ordinaire, d'escarpins pour aller dans la boue et dans les terres, à la nécessité d'épier le vieux Pingret ; les hommes les moins fats étaient enchantés d'expliquer combien les escarpins étaient utiles pour marcher dans une maison, y traverser les corridors, y monter par les croisées sans bruit. Donc, Jean-François et sa maîtresse

(jeune, belle, romanesque, chacun en tirait un superbe portrait) avaient évidemment médité d'ajouter par un faux, *et son épouse* sur le passeport.

Le soir, dans tous les salons, les parties étaient interrompues par les recherches malicieuses de ceux qui, se reportant au 11 mars 1828, recherchaient quelles femmes alors en voyage à Paris, quelles autres avaient pu faire ostensiblement ou secrètement les préparatifs d'une fuite.

Limoges jouissait alors de son procès Fualdès, orné d'une madame Manson inconnue. Aussi jamais ville de province ne fut-elle plus intriguée que ne l'était chaque soir Limoges après l'audience : on y rêvait de ce procès où tout grandissait l'accusé dont les réponses savamment repassées, étendues, commentées, soulevaient d'amples discussions. Quand un des jurés demanda pourquoi Tascheron avait pris un passeport pour l'Amérique, l'ouvrier répondit qu'il voulait y établir une manufacture de porcelaines. Ainsi, sans compromettre son système de défense, il couvrait encore sa complice, en permettant à chacun d'attribuer son crime à la nécessité d'avoir des fonds pour accomplir un ambitieux projet.

Au plus fort de ces débats, il fut impossible que les amis de Véronique, pendant une soirée où elle paraissait moins souffrante, ne cherchassent pas à expliquer, chacun à sa manière, la discrétion du criminel en faveur de la femme au profit de laquelle le crime avait été commis. La veille, le médecin avait ordonné une promenade à Véronique. Le matin même elle avait donc pris le bras de sa mère pour aller, en tournant la ville, jusqu'à la maison de campagne de la Sauviat, où elle s'était reposée. Elle avait essayé de rester debout à son retour et avait attendu Graslin, qui ne revint qu'à huit heures de la Cour d'assises ; elle venait de lui servir à dîner selon son habitude, et dut alors entendre la discussion de ses amis.

— Si mon pauvre père vivait encore, leur dit-elle, nous en aurions su davantage, ou peut-être cet homme ne serait-il pas devenu criminel. Mais je vous vois tous préoccupés d'une idée singulière. Vous voulez que l'amour soit le principe du crime, là-dessus je suis de votre avis; mais pourquoi croyez-vous que l'inconnue soit mariée, ne peut-il pas avoir aimé une jeune fille que le père et la mère lui auraient refusée?

— Une jeune personne eût été plus tard légitimement à lui, répondit le baron de Grandville. Tascheron est un homme qui ne manque pas de patience, il aurait eu le temps de faire loyalement fortune en attendant le moment où toute fille est libre de se marier contre la volonté de ses parens.

— J'ignorais, dit madame Graslin qu'un pareil mariage fût possible; mais comment, dans une ville où tout se sait, où chacun voit ce qui se passe chez son voisin, n'a-t-on pas le plus léger soupçon ? Pour aimer, il faut au moins se voir ou s'être vu ? Que pensez-vous, vous autres magistrats ! demanda-t-elle en plongeant un regard fixe dans les yeux de l'avocat-général.

— Nous croyons tous que la femme appartient à la classe de la bourgeoisie marchande.

— Je pense le contraire, dit madame Graslin. Une femme de ce genre n'a pas les sentimens assez élevés.

Cette réponse concentra les regards de tout le monde sur Véronique, et chacun attendit l'explication de cette parole, dont la profondeur surprenait.

— Pendant les heures de nuit que je passe sans sommeil ou le jour dans mon lit, il m'a été impossible de ne pas penser à cette mystérieuse affaire : j'ai cru en deviner les motifs. Voilà pourquoi je pensais à une jeune fille : une femme mariée a des intérêts, sinon des sentimens, qui partagent son cœur et l'empêchent d'arriver à l'exaltation complète qui inspire une si grande passion. Il faut ne pas avoir d'enfant pour concevoir un amour qui réunisse les sentimens maternels à ceux qui procèdent du désir. Evidemment cet homme a été aimé par une femme qui voulait être son soutien. L'inconnue aura porté dans sa passion le génie auquel nous devons les belles œuvres des artistes, des poètes, et qui chez la femme existe, mais sous une autre forme, elle est destinée à créer des hommes et non des choses. Nos œuvres, à nous, c'est nos enfans! Les enfants sont nos tableaux, nos livres, nos statues : ne sommes-nous pas artistes dans leur éducation première. Aussi, gagerais-je ma tête à couper que si l'inconnue n'est pas une jeune fille, elle n'est pas mère. Il faudrait chez les gens du parquet la finesse des femmes pour deviner mille nuances qui leur échapperont sans cesse en bien des occasions. Si j'eusse été votre substitut, dit-elle à l'avocat-général, nous eussions trouvé la coupable, si toutefois l'inconnue est coupable. J'admets, comme monsieur l'abbé Dutheil, que les deux amans avaient conçu l'idée de s'enfuir, faute d'argent, pour vivre en Amérique, avec les trésors du pauvre Pingret. Le vol a engendré l'assassinat par la fatale logique qu'inspire la peine de mort aux criminels; aussi, dit-elle, en lançant à l'avocat-général un regard suppliant, serait-ce une chose digne de vous, que de faire écarter la préméditation. Vous sauveriez la vie à ce malheureux : il est grand malgré son crime, il réparerait peut-être ses fautes par un magnifique repentir. Les œuvres du repentir doivent entrer pour quelque chose dans les pensées de la justice. Aujourd'hui n'y a-t-il pas mieux à faire qu'à donner sa tête, ou comme autrefois à fonder la cathédrale de Milan pour expier des forfaits?

— Madame, vous êtes sublime dans vos

idées, dit l'avocat-général ; mais, la préméditation écartée, Jean-François serait encore sous le poids de la peine de mort, à cause des cinq circonstances graves, prouvées, qui accompagnent le vol, la nuit, l'escalade, l'effraction, etc.

— Vous croyez donc qu'il sera condamné? dit-elle en abaissant ses paupières.

—J'en suis certain, le Parquet aura la victoire.

Un léger frisson fit crier la robe de madame Graslin, qui dit : — J'ai froid !

Elle prit le bras de sa mère, et s'alla coucher.

— Elle est beaucoup mieux aujourd'hui, dirent ses amis.

Le lendemain, Véronique était à la mort. Quand son médecin vint la voir, et manifesta son étonnement en la trouvant si près d'expirer, elle lui dit en souriant : — Ne vous avais-je pas prédit que la promenade ne me vaudrait rien.

Depuis l'ouverture des débats, Tascheron se tenait sans forfanterie, comme sans hypocrisie ; le médecin, toujours pour divertir la malade, essaya d'expliquer cette attitude que ses défenseurs exploitaient. Le talent de son avocat éblouissait l'accusé sur le résultat, il croyait échapper à la mort, disait le médecin. Par momens, l'avocat-général remarquait sur son visage une espérance qui tenait à un bonheur plus grand que celui de vivre.

Les antécédens de la vie de cet homme, âgé de vingt-trois ans, contredisaient si bien les actions par lesquelles elle se terminait, que ses défenseurs objectaient son attitude comme une conclusion.

Enfin les preuves accablantes dans l'hypothèse de l'Accusation devenaient si faibles dans le roman de la Défense, que cette tête fut disputée avec des chances favorables par l'avocat : pour sauver la vie à son client, il se battit à outrance sur le terrain de la préméditation, il admettait hypothétiquement la préméditation du vol, non celle des assassinats, résultat de deux luttes inattendues. Le succès parut douteux pour le Parquet comme pour le Barreau.

Après la visite du médecin, Véronique eut celle de l'avocat-général, qui tous les matins la venait voir avant l'audience.

— J'ai lu les plaidoiries d'hier, lui dit-elle. Aujourd'hui vont commencer les répliques, je me suis si fort intéressée à l'accusé que je voudrais le voir sauvé, ne pouvez-vous une fois en votre vie abdiquer un triomphe? Laissez-vous battre par l'avocat. Allons, faites-moi présent de cette vie? Il y a doute après le beau plaidoyer de l'avocat de Tascheron, et bien...

— Votre voix est émue, dit le baron quasi surpris.

— Savez-vous pourquoi? répondit-elle.

Mon mari vient de remarquer une horrible coïncidence et qui est de nature à causer ma mort, j'accoucherai quand vous ferez tomber cette tête.

— Puis-je réformer le Code? dit l'avocat-général.

— Allez! vous ne m'aimez pas, répondit-elle en fermant les yeux, posant sa tête sur l'oreiller, et renvoyant le magistrat par un geste impératif.

Monsieur Graslin plaida fortement mais inutilement pour l'acquittement, en donnant une raison qui fut adoptée par deux jurés de ses amis, et qui lui avait été suggérée par sa femme.

— S'il existe, la famille des Vanneaulx retrouvera la succession Pingret.

Cet argument irrésistible amena entre les jurés une scission de sept contre cinq qui nécessita l'adjonction de la Cour; mais la Cour se réunit à la minorité du jury. Cette réunion détermina alors la condamnation.

Lorsque son arrêt lui fut prononcé, Tascheron tomba dans une fureur assez naturelle chez un homme plein de force et de vie, mais que les magistrats, les avocats, les jurés et l'auditoire, n'ont presque jamais remarquée chez les criminels injustement condamnés. Pour tout le monde, le drame n'était donc pas terminé par cet arrêt de mort.

Une lutte si acharnée donna dès-lors, comme il arrive presque toujours dans ces sortes d'affaires, naissance à deux opinions diamétralement opposées sur la culpabilité du héros : les uns voyaient un innocent opprimé, les autres un criminel justement condamné.

Les libéraux tenaient pour l'innocence de Tascheron, moins par certitude que pour contrarier le pouvoir.

« Comment, disaient-ils, condamner un homme sur la ressemblance de son pied avec la marque d'un autre pied? à cause de son absence, comme si tous les jeunes gens n'aimeraient pas mieux mourir que de compromettre une femme? Pour avoir emprunté des outils et acheté du fer? pour un morceau de toile bleue accroché à un arbre, peut-être par le vieux Pingret, afin d'épouvanter les moineaux, et qui se rapporte par hasard à un accroc fait à notre blouse! A quoi tient la vie d'un homme! Enfin, Jean-François a tout nié, le parquet n'a produit aucun témoin qui ait vu le crime! »

Ils corroboraient, étendaient, paraphrasaient le système et les plaidoieries de l'avocat. Le vieux Pingret, qu'était-ce? Un coffre-fort crevé! disaient les esprits forts. Quelques esprits prétendus progressifs, méconnaissant les saintes lois de la propriété que les saint-simoniens attaquaient déjà dans l'ordre abstrait des idées économistes, allaient plus loin : le père Pingret était le premier auteur du crime. Cet homme, en entassant son or, avait volé son pays. Que d'entreprises auraient été fertilisées par ses capitaux inutiles! Il avait frustré l'industrie, il était justement puni. La servante? on la plaignait.

Denise, qui, après avoir déjoué les ruses de la justice, ne se permit pas aux débats une réponse sans avoir long-temps songé à ce qu'elle devait dire, excita le plus vif intérêt Elle devint une figure comparable, dans un autre sens, à Jeanie Deans, dont elle possédait la grâce et la modestie, la religion et la beauté.

François Tascheron continua d'exciter la curiosité, non seulement de la ville, mais encore de tout le département. Quelques femmes romanesques lui accordaient ouvertement leur admiration.

— S'il y a là-dedans quelque amour pour une femme placée au-dessus de lui, certes cet homme n'est pas un homme ordinaire, disaient-elles. Vous verrez qu'il mourra bien, sans la compromettre.

Cette question : Parlera-t-il ? ne parlera-t-il pas ? engendra des paris.

Depuis l'accès de rage par lequel il avait accueilli sa condamnation et qui eût pu être fatal à quelques personnes de la cour ou de l'auditoire, sans la présence des gendarmes, le criminel menaçait indistinctement avec la rage d'une bête féroce tous ceux qui l'approchaient. Le geôlier avait été forcé de lui mettre la camisole, autant pour l'empêcher d'attenter à sa vie que pour éviter les effets de sa furie. Quoique maintenu par ce moyen victorieux de toutes les espèces de violences, le désespoir de Tascheron s'exhalait en mouvemens convulsifs qui épouvantaient ses gardiens, en paroles, en regards, qu'au moyen-âge on eût attribués à la possession.

Jean-François Tascheron était jeune, les emmes s'apitoyaient sur cette vie pleine d'amour qui allait être tranchée. Le *Dernier jour d'un condamné*, sombre élégie, inutile plaidoyer contre la peine de mort, ce grand soutien des sociétés, et qui avait paru depuis peu comme exprès pour la circonstance, était à l'ordre du jour dans toutes les conversations. Enfin, qui ne se montrait du doigt cette invisible inconnue, debout, les pieds dans le sang, élevée sur les planches de l'échafaud comme sur un piédestal, déchirée par d'horribles douleurs, et condamnée au calme le plus parfait dans son ménage. On admirait presque cette Médée limousine, à blanche poitrine doublée d'un cœur d'acier, au front impénétrable! Peut-être était-elle chez celui-ci ou chez celui-là, sœur ou cousine, ou femme ou fille d'un tel ou d'une telle. Quelle frayeur au sein des familles! Suivant un mot sublime de Napoléon, c'est surtout dans le domaine de l'imagination que la puissance de l'inconnu est incommensurable.

Quant aux cent mille francs volés aux sieur et dame des Vanneaulx, et qu'aucune recherche de police n'avait su retrouver, le silence du criminel à cet égard fut une étrange défaite pour le Parquet. M. de Grandville, qui remplaçait le procureur-général, alors à la Chambre des Députés, essaya le moyen vulgaire de laisser croire à une commutation de peine en cas d'aveux; mais quand il se montra, le condamné l'accueillit par des redoublemens de cris furieux, de contorsions épileptiques, et lui lança des regards pleins de rage, où se voyait le regret de ne pouvoir donner la mort.

La Justice ne comptait plus que sur l'assistance de l'Église au dernier moment. Les des Vanneaulx avaient été maintes fois chez l'abbé Pascal, l'aumônier de la prison. Cet abbé ne manquait pas du talent particulier nécessaire pour se faire écouter des prisonniers, il affronta religieusement les transports de cet homme, il essaya de lancer quelques paroles à travers les orages de cette puissante nature en convulsion ; mais la lutte de cette paternité spirituelle avec l'ouragan de ces passions déchaînées, abattit et lassa le pauvre abbé Pascal.

— Cet homme a mis son paradis ici-bas, disait le vieillard d'une voix douce.

La petite madame des Vanneaulx se consultait avec ses amies pour savoir si elle devait hasarder une démarche auprès du criminel. Le sieur des Vanneaulx parlait de transactions. Dans son désespoir, il était allé proposer à M. de Grandville de demander la grâce de l'assassin de son oncle, si cet assassin restituait les cent mille francs. L'avocat-général ayant répondu que la majesté royale ne descendait point à de tels compromis, les des Vanneaulx s'étaient tournés vers l'avocat de Tascheron, auquel ils offrirent dix pour cent de la somme s'il parvenait à la faire recouvrer, car l'avocat était le seul homme à la vue duquel Tascheron ne s'emportait pas ; les héritiers l'autorisèrent à offrir dix autres pour cent au criminel et dont il disposerait en faveur de sa famille. Malgré les incisions que ces castors pratiquaient sur leur héritage et malgré son éloquence, l'avocat ne put rien obtenir de son client.

Les des Vanneaulx furieux étaient les seuls qui maudissaient et anathématisaient le condamné.

— Non seulement il est assassin, mais il est encore sans délicatesse, disait sérieusement, M. des Vanneaulx, sans connaître la fameuse complainte Fualdès, en apprenant l'insuccès de Pascal et voyant tout perdu par le rejet probable du pourvoi en cassation. A quoi lui servira notre fortune, là où il va? Un assassinat, cela se conçoit ; mais un vol inutile est inconcevable. Dans quel temps vivons-nous pour que des gens de la société s'intéressent à un pareil brigand? il n'a rien pour lui,

— Il a peu d'honneur, disait madame des Vanneaulx.

— Cependant si la restitution compromet sa bonne amie, disait une vieille fille.

— Nous lui garderions le secret, s'écriait le sieur des Vanneaulx.

— Vous seriez coupable de non révélation, répondait un avocat.

— Oh! le gueux, fut la conclusion du sieur des Vanneaulx.

Une des femmes de la société de madame Graslin, qui lui rapportait en riant les discussions des Vanneaulx, femme très spirituelle, une de celles qui rêvent le beau idéal et veulent que tout soit complet, regrettait la fureur du condamné, elle l'aurait voulu froid, calme et digne.

— Ne voyez-vous pas, lui dit Véronique, qu'il écarte ainsi les séductions et déjoue les tentatives : il s'est fait bête féroce par calcul.

— Et puis, ce n'est pas un homme comme

il faut, reprit la Parisienne exilée, c'est un ouvrier.

— Un homme comme il faut en eût bientôt fini avec l'inconnue, répondit madame Graslin.

Ces événemens, pressés, tordus dans les salons, dans les ménages, commentés de mille manières, épluchés par les plus habiles langues de la ville, donnèrent un cruel intérêt à l'exécution du criminel dont le pourvoi fut, deux mois après rejeté par la Cour suprême. Quelle serait à ses derniers momens l'attitude du criminel qui se vantait de rendre son supplice impossible en annonçant une défense désespérée? parlerait-il? se démentirait-il? qui gagnerait le pari? Irez-vous! N'irez-vous pas? Comment y aller? La disposition des localités, qui évite aux criminels les angoisses d'un long trajet, restreint à Limoges le nombre des spectateurs élégants. Le Palais-de-Justice où est la prison, occupe l'angle de la rue du

Palais et de la rue du Pont-Hérisson. La rue du Palais est continuée en droite ligne par la courte rue de Monte-à-Regret qui conduit à la place d'Aîne ou des Arènes où se font les exécutions, et qui sans doute doit son nom à cette circonstance. Il y a donc peu de chemin, conséquemment peu de maisons, peu de fenêtres. Quelle personne de la société voudrait d'ailleurs se mêler à la foule populaire qui remplirait la place.

Mais cette exécution de jour en jour attendue, fut de jour en jour remise, au grand étonnement de la ville, et voici pourquoi.

La pieuse résignation des gens qui marchent à la mort est un des triomphes que se réserve l'Eglise, et qui manque rarement son effet sur la foule : leur repentir atteste trop la puissance des idées religieuses pour que, tout intérêt chrétien mis à part, bien qu'il soit la principale vue de l'Eglise, le clergé ne soit pas navré de l'insuccès dans ces éclatantes occasions. En septembre 1828, la circonstance était aggravée par l'esprit de parti qui envenimait les plus petits détails de la vie politique. Le parti libéral se réjouissait de voir échouer dans une scène si publique, le parti Prêtre, expression inventée par Montlosier, royaliste passé aux constitutionnels et entraîné par eux au-delà de ses intentions. Les partis commettent en masse des actions infâmes, qui couvriraient un homme d'opprobre ; aussi quand un homme les résume aux yeux de la foule, devient-il Robespierre, Jeffries, Laubardemont, espèces d'autels expiatoires où tous les complices attachent des *ex-voto* secrets.

D'accord avec l'Évêché, le Parquet retardait l'exécution autant dans l'espérance de savoir ce que la justice ignorait du crime, que pour laisser la religion triompher en cette circonstance. Cependant le pouvoir du Parquet n'était pas sans limites et l'arrêt devait tôt ou tard s'exécuter.

Les mêmes libéraux qui, par opposition, considéraient Tascheron comme innocent et avaient tenté de battre en brèche l'arrêt de la justice, murmuraient alors de ce que ce même arrêt ne reçut pas son exécution. L'opposition, quand elle est systématique, arrive à de semblables non-sens; il ne s'agit pas pour elle d'avoir raison, mais de toujours fronder le pouvoir. Le Parquet eut donc, vers les premiers jours d'octobre, la main forcée par cette rumeur si souvent stupide, appelée l'Opinion publique. L'exécution fut annoncée. L'Église avait encore une journée; elle voulut faire un dernier effort, et voici comment elle s'y prit pour retarder ce terrible spectacle, en conservant un nouvel espoir de ramener le criminel à Dieu.

CHAPITRE NEUVIÈME.

Sollicitudes chrétiennes.

Le palais épiscopal de Limoges est assis sur une colline qui borde la Vienne. Ses jardins, que soutiennent de fortes murailles couronnées de balustrades, descendent par étages en obéissant aux chutes naturelles du terrain,

L'élévation de cette colline est telle, que sur la rive opposée, le faubourg Saint-Etienne semble couché aux pieds de la dernière terrasse. De là, selon la direction que prennent les promeneurs, la rivière se découvre, soit en enfilade, soit en travers, au milieu d'un riche panorama.

Vers l'ouest, après les jardins de l'évêché, la Vienne se jette sur la ville par une élégante courbure que borde le faubourg Saint-Martial. Au-delà de ce faubourg, à une faible distance, est une jolie maison de campagne, appelée le Cluzeau, dont les massifs se voient des terrasses les plus avancées, et qui, par un effet de la perspective, se marient aux clochers du faubourg. En face du Cluseau, se trouve cette île échancrée, pleine d'arbres et de peupliers, que Véronique avait dans son enfance nommée l'île Bourbon.

A l'est, le lointain est occupé par des collines en amphithéâtre. La magie du site et la riche simplicité du bâtiment font de ce palais le monument le plus remarquable de cette ville, où les constructions ne brillent ni par le choix des matériaux ni par l'architecture.

Familiarisés depuis long-temps avec les aspects qui recommandent ces jardins à l'attention des faiseurs de Voyages Pittoresques, l'abbé Dutheil et monsieur de Grancour descendaient, la veille du jour où devait avoir lieu l'exécution de Tascheron, de terrasse en terrasse sans faire attention aux couleurs rouges, aux tons orangés, aux teintes violâtres que le couchant jetait sur les vieilles murailles et sur les balustrades des rampes, sur les maisons du faubourg et sur les eaux de la rivière. Ils cherchaient l'évêque, alors assis à l'angle de sa dernière terrasse sous un berceau de vigne, où il était venu achever son dessert, en s'abandonnant aux charmes de la soirée.

Les peupliers de l'île semblaient en ce moment diviser les eaux avec les ombres allongées de leurs têtes déjà jaunies, auxquelles le soleil donnait l'apparence d'un feuillage d'or. Les lueurs du couchant diversement réfléchies par les masses de différens verts produisaient un magnifique mélange de tons pleins de mélancolie. Au fond de cette vallée, une nappe de bouillons pailletés frissonnait dans la Vienne sous la légère brise du soir, et faisait ressortir les plans bruns que présentaient les toits du faubourg Saint-Etienne. Les clochers et les faîtes du faubourg Saint-Martial, baignés de lumière, se mêlaient au pampre des treilles.

Le doux murmure d'une ville de province à demi cachée dans l'arc rentrant de la rivière, la douceur de l'air, tout contribuait à plonger le prélat dans la quiétude exigée par tous les auteurs qui ont écrit sur la digestion; ses yeux étaient machinalement attachés sur la rive droite de la rivière, à l'endroit où les grandes ombres des peupliers de l'île y atteignaient, du côté du faubourg Saint-Etienne, les murs du clos où le double meurtre du vieux Pingret et de sa servante avait été commis; mais quand sa petite félicité du moment fut troublée par les difficultés que ses grands-vicaires lui rappelèrent, ses regards s'emplirent de pensées dont il garda les secrets pour lui.

Les deux prêtres attribuèrent cette distraction à l'ennui, tandis qu'au contraire le prélat croyait voir dans les sables de la Vienne, le mot de l'énigme alors cherché par toute la ville.

— Monseigneur, dit l'abbé de Grancour en abordant l'évêque, tout est inutile, et nous aurons la douleur de voir mourir ce malheureux Tascheron en impie : il vociférera les plus horribles imprécations contre la religion, il accablera d'injures le pauvre abbé Pascal, il crachera sur le crucifix, il reniera tout, même l'enfer.

— Il épouvantera le peuple, dit l'abbé Dutheil. Ce grand scandale et l'horreur qu'il inspirera cacheront notre défaite et notre impuissance. Aussi, disais-je en venant à monsieur de Grancour, que ce spectacle rejettera plus d'un pécheur dans le sein de l'Eglise.

Troublé par ces paroles, l'évêque posa sur une table de bois rustique la grappe de raisin jaune qu'il picotait et s'essuya les doigts en faisant signe de s'asseoir à ses deux grands-vicaires.

— L'abbé Pascal s'y est mal pris, dit-il enfin.

— Il est malade de la dernière scène qu'il a subie à la prison, dit l'abbé de Grancour. Sans son indisposition, nous l'eussions amené pour expliquer les difficultés qui rendent impossibles toutes les tentatives que monseigneur ordonnerait de faire.

— Le condamné chante à tue-tête des chansons obscènes aussitôt qu'il aperçoit l'un de nous, et couvre de sa voix les paroles qu'on veut lui faire entendre, dit un jeune prêtre assis auprès de l'évêque.

Ce jeune homme doué d'une charmante physionomie tenait son bras droit accoudé sur la table, sa main blanche tombait nonchalamment sur les grappes de raisin dont il choisissait les grains les plus roux, avec l'aisance et la familiarité d'un commensal ou d'un favori. A la fois commensal et favori du prélat, ce jeune homme était le frère cadet du baron de Rastignac, que des liens de famille et d'affection attachaient à l'évêque de Limoges. Au fait des raisons de fortune qui vouaient ce jeune homme à l'Eglise, l'évêque l'avait pris comme secrétaire particulier, pour lui donner le temps d'attendre une occasion d'avancement. L'abbé Gabriel portait un nom qui par avance le destinait aux plus hautes dignités de l'Eglise.

— Y as-tu donc été, mon fils? lui dit l'évêque.

— Oui, monseigneur, dès que je me suis montré, ce malheureux a vomi contre vous et moi les plus dégoûtantes injures, il se conduit de manière à rendre impossible la présence d'un prêtre auprès de lui. Monseigneur veut-il me permettre de lui donner un conseil ?

— Ecoutons la sagesse que Dieu met quelquefois dans la bouche des enfans, dit l'évêque en souriant.

— N'a-t-il pas fait parler l'ânesse de Balaam? répondit vivement le jeune abbé Rastignac.

— Selon certains commentateurs, elle n'a pas trop su ce qu'elle disait, répliqua l'évêque en riant.

Les deux grands-vicaires sourirent : d'abord la plaisanterie était de monseigneur, puis elle raillait doucement le jeune abbé que jalousaient les dignitaires et les ambitieux groupés autour du prélat.

— Mon avis, dit le jeune abbé, serait de prier monsieur de Granville de surseoir encore à l'exécution. Quand le condamné saura qu'il doit quelques jours de retard à notre intercession, il feindra peut-être de nous écouter, et s'il nous écoute....

— Il persistera dans sa conduite en voyant les bénéfices qu'elle lui donne, dit l'évêque en interrompant son favori. Messieurs, reprit-il après un moment de silence, la ville connait-elle ces détails?

— Quelle est la maison où on n'en parle pas? dit l'abbé de Grancour. L'état où son dernier effort a mis le bon abbé Pascal est en ce moment le sujet de toutes les conversations.

— Quand doit-il être exécuté, demanda l'évêque?

— Demain, jour de marché, répondit monsieur de Grancour.

— Messieurs, la religion ne saurait avoir le dessous, s'écria l'évêque. Plus l'attention est excitée par cette affaire, plus je tiens à obtenir un triomphe éclatant. L'Eglise se trouve en des conjonctures difficiles. Nous sommes obligés à faire des miracles dans une ville industrielle où l'esprit de sédition contre les doctrines religieuses et monarchiques a poussé des racines profondes, où le système d'examen né du protestantisme et qui s'appelle aujourd'hui libéralisme, quitte à prendre demain un autre nom, s'étend à toutes choses. Allez, messieurs, chez monsieur de Grandville, il est tout à nous, dites-lui que nous réclamons un sursis de quelques jours. J'irai voir ce malheureux.

— Vous! monseigneur, dit l'abbé de Rastignac. Si vous échouez, n'aurez-vous pas compromis trop de choses. Vous ne devez y aller que sûr du succès.

— Si monseigneur me permet de donner mon opinion, dit l'abbé Dutheil, je crois pouvoir offrir un moyen d'assurer le triomphe de la religion en cette triste circonstance.

Le prélat répondit par un signe d'assentiment un peu froid qui montrait le peu de crédit du vicaire-général.

— Si quelqu'un peut avoir de l'empire sur cette âme rebelle et la ramener à Dieu, dit le vicaire-général en continuant, c'est le curé du village où il est né, monsieur Bonnet.

— Un de vos protégés, dit l'évêque.

— Monseigneur, monsieur le curé Bonnet est un de ces hommes qui se protègent eux-mêmes et par leurs vertus militantes et par leurs travaux évangéliques.

Cette réponse si modeste et si simple fut accueillie par un silence qui eut gêné tout autre que le grand abbé Dutheil ; elle parlait pour les gens méconnus, les trois prêtres voulurent y voir un de ces humbles, mais irréprochables sarcasmes habilement limés qui distinguent les ecclésiastiques, habitués, en disant ce qu'ils veulent dire, à observer les règles les plus sévères. Il n'en était rien :

l'abbé Dutheil ne songeait jamais à lui.

— J'entends parler d'Aristide depuis trop de temps, répondit en souriant l'évêque. Si je laissais cette lumière sous le boisseau, il y aurait de ma part ou injustice ou prévention. Vos libéraux vantent votre monsieur Bonnet comme s'il appartenait à leur parti, je veux juger moi-même cet apôtre rural. Allez, messieurs, chez le procureur-général demander de ma part un sursis; j'attendrai sa réponse avant d'envoyer à Montégnac notre cher abbé Gabriel, qui nous ramènera ce saint homme. Nous mettrons Sa Béatitude à même de faire des miracles.

En entendant ce propos de prélat gentilhomme, l'abbé Dutheil rougit, mais il ne voulut pas relever ce qu'il offrait de désobligeant pour lui. Les deux grands-vicaires saluèrent en silence et laissèrent l'évêque avec son favori.

— Les secrets de la confession que nous

sollicitons sont sans doute enterrés là, dit l'évêque à l'abbé de Rastignac en lui montrant les ombres des peupliers qui atteignaient une maison isolée, sise entre l'île et le faubourg Saint-Etienne.

— Je l'ai toujours pensé, répondit le jeune prêtre. Je ne suis pas juge, je ne veux pas être espion; mais si j'eusse été magistrat, je saurais le nom de la femme qui tremble à tout bruit, à toute parole, et dont néanmoins le front doit rester calme et pur, sous peine d'accompagner à l'échafaud le condamné. Elle n'a cependant rien à craindre : j'ai vu l'homme, il emportera dans l'ombre le secret de ses ardentes amours.

— Petit rusé, dit l'évêque en tortillant l'oreille de son secrétaire et en lui désignant entre l'île et le faubourg Saint-Etienne l'espace qu'une dernière rougeur du couchant illuminait et sur lequel les yeux du jeune prêtre étaient fixés. La Justice aurait dû fouiller là, n'est-ce pas?

— Je suis allé voir le criminel pour essayer sur lui l'effet de mes soupçons ; mais il est gardé par des espions : en parlant haut, j'eusse compromis la personne pour laquelle il meurt.

— Taisons-nous, dit l'évêque, nous ne sommes pas les hommes de la justice humaine. C'est assez d'une tête. D'ailleurs, ce secret nous reviendra tôt ou tard.

La perspicacité que l'habitude des méditations donne aux prêtres, était bien supérieure à celle du parquet et de la police.

A force de contempler du haut de leurs terrasses le théâtre du crime, le prélat et son secrétaire avaient, à la vérité, fini par pénétrer des détails encore ignorés, malgré les investigations de l'instruction, et les débats de la Cour d'assises. Monsieur de Grandville jouait au whist chez madame Graslin, il fallut attendre son retour, sa décision ne fut connue à l'évêché que vers minuit.

L'abbé Gabriel, à qui l'évêque a donné sa voiture de voyage, partit vers deux heures du matin pour Montégnac, distant d'environ neuf lieues de la ville et situé dans cette partie du Limousin qui longe les montagnes de la Corrèze et avoisine la Creuze. Le jeune abbé laissa donc Limoges en proie à toutes les passions soulevées par le spectacle promis pour le lendemain, et qui devait encore manquer.

CHAPITRE DIXIÈME.

Montégnac.

Les prêtres et les dévots ont, en général, une tendance à observer, en fait d'intérêt, les rigueurs légales. Est-ce pauvreté? est-ce un effet de l'égoïsme auquel les condamne leur isolement et qui favorise en eux la pente de l'homme à l'avarice; est-ce un calcul de la parcimonie commandée par l'exercice de la charité? Chaque caractère offre une explication différente. Cachée souvent sous une bonhomie grâcieuse, souvent aussi sans détours, cette difficulté de fouiller à sa poche se trahit surtout en voyage. Gabriel de Rastignac, le plus joli jeune homme que depuis long-temps les autels eusssent vu s'incliner sous leurs tabernacles, ne donnait que trente sous de pourboire aux postillons : il allait lentement. Les postillons mènent fort respectueusement les évêques qui ne font que doubler le salaire accordé par l'ordonnance, mais ils ne causent aucun dommage à la voiture épiscopale de peur d'encourir quelque disgrâce. L'abbé Gabriel, qui voyageait seul pour la première fois, disait d'une voix douce à chaque relais :

— Allez donc plus vite, messieurs les postillons.

— Nous ne jouons du fouet, lui répondit un

vieux postillon, que quand les voyageurs jouent du pouce.

Le jeune abbé s'enfonça dans le coin de la voiture sans pouvoir s'expliquer cette réponse. Pour se distraire, il étudia le pays qu'il traversait, et fit à pied plusieurs des côtes sur lesquelles serpente la route de Bordeaux à Lyon.

A cinq lieues au-delà de Limoges, après les gracieux versants de la Vienne et les jolies prairies en pente du Limousin qui rappellent la Suisse en quelques endroits, et particulièrement à Saint-Léonard, le pays prend un aspect triste et mélancolique. Il se trouve alors de vastes plaines incultes, des steppes sans herbe ni chevaux, mais bordées à l'horizon par les hauteurs de la Corrèze.

Ces montagnes n'offrent aux yeux du voyageur ni l'élévation à pied droit des Alpes et leurs sublimes déchirures, ni les gorges chaudes et les cîmes désolées de l'Apennin, ni le grandiose des Pyrénées ; leur caractère ressemble à celui des douces collines de Turin : leurs ondulations, dues au mouvement des eaux, accusent l'apaisement de la grande catastrophe et le calme avec lequel les masses fluides se sont retirées. C'est la physionomie de la plupart des mouvemens de terrain en France, et ce qui peut-être a contribué autant que le climat à lui mériter le nom de *douce* que l'Europe lui a confirmé.

Si cette plate transition, entre les paysages du Limousin, ceux de la Marche et ceux de l'Auvergne, présente au penseur et au poète qui passent les images de l'infini, l'effroi de quelques âmes ; si elle pousse à la rêverie la femme qui s'ennuie en voiture, pour l'habitant cette nature est âpre, sauvage et sans ressources. Le sol de ces grandes plaines grises est ingrat. Le voisinage d'une capitale pourrait seul y renouveler le miracle qui s'est opéré dans la Brie pendant les deux derniers siècles. Mais là, manquent les grandes résidences qui parfois vivifient ces déserts où l'agronomie voit des lacunes, où la civilisation gémit, où le touriste ne trouve ni auberge ni ce qui le charme, le pittoresque. Les esprits élevés ne haïssent pas ces landes, ombres nécessaires dans le vaste tableau de la nature. Récemment Cooper, ce talent si mélancolique, a magnifiquement développé la poésie de ces solitudes dans *la Prairie*.

Ces espaces oubliés par la génération botanique, et que couvrent d'infertiles débris minéraux, des cailloux roulés, des terres mortes sont des défis portés à la civilisation. La France doit accepter la solution de ces difficultés, comme les Anglais celles offertes par l'Ecosse, où leur patiente, leur héroïque agriculture a changé les plus arides bruyères en fermes productives. Laissées à leur sauvage et primitif état, ces jachères sociales engendrent le découragement, la paresse, la faiblesse par défaut de nourriture et le crime quand les besoins parlent trop haut.

Ce peu de mots est l'histoire ancienne de Montégnac.

Que faire dans une vaste friche négligée par l'administration, abandonnée par la noblesse, maudite par l'industrie? la guerre à la société qui manque à ses devoirs. Aussi les habitans de Montégnac subsistaient-ils autrefois par le vol et par l'assassinat, comme jadis les Ecossais des hautes terres. A l'aspect du pays, un penseur conçoit bien comment, vingt ans auparavant, les habitans de ce village étaient en guerre avec la société.

Ce grand plateau, taillé d'un côté par la vallée de la Vienne, de l'autre par les jolis vallons de la Marche, puis par l'Auvergne, et barré par les monts corréziens, ressemble, agriculture à part, au plateau de la Beauce qui sépare le bassin de la Loire du bassin de la Seine, à ceux de la Touraine et du Berry, à tant d'autres qui sont comme des facettes à la surface de la France, et assez nombreuses pour occuper les méditations des plus grands administrateurs.

Il est inouï qu'on se plaigne de l'ascension constante des masses populaires vers les hauteurs sociales, et qu'un gouvernement n'y trouve pas de remède dans un pays où la statistique accuse plusieurs millions d'hectares en jachère dont certaines parties offrent, comme en Berry, sept ou huit pieds d'humus. Beaucoup de ces terrains, qui nourriraient des villages entiers, qui produiraient immensément, appartiennent à des communes rétives, lesquelles refusent de les vendre aux spéculateurs pour conserver le droit d'y faire paître une centaine de vaches. Sur tous ces terrains sans destination, est écrit le mot *incapacité*.

Toute terre a une fertilité spéciale. Ce n'est ni les bras, ni les volontés qui manquent, mais la conscience et le talent administratifs. En France, jusqu'à présent, ces plateaux ont été sacrifiés aux vallées, le gouvernement a donné ses secours, a porté ses soins là où les intérêts se protégeaient d'eux-mêmes. La plupart de ces malheureuses solitudes manquent d'eau, premier principe de toute production Les brouillards qui pourraient féconder ces terres grises et mortes en y déchargeant leurs oxides, les rasent rapidement, emportés par le vent, faute d'arbres qui, partout ailleurs, les arrêtent et y pompent des substances nourricières. Sur plusieurs points semblables, planter, ce serait évangéliser.

Séparés de la grande ville la plus proche par une distance infranchissable pour des gens pauvres, et qui mettait un désert entre elle et eux, n'ayant aucun débouché pour leurs produits s'ils eussent produit quelque chose, jetés auprès d'une forêt inexploitée qui leur donnait du bois et l'incertaine nourriture du braconage, les habitans étaient talonnés par la faim pendant l'hiver. Les terres n'offrant pas le fond nécessaire à la culture du blé, les malheureux n'avaient ni bestiaux, ni ustensiles aratoires, ils vivaient de châtaignes.

Enfin, ceux qui, en embrassant l'ensemble des productions zoologiques et botaniques, ont subi l'indicible mélancolie que cause l'aspect des couleurs grises qui marquent les produits de l'Europe, comprendront peut-être combien la vue de ces plaines brunes et grisâtres doit influer sur les dispositions morales par la désolante pensée de l'infécondité qu'elles présentent incessamment. Il n'y a là ni fraîcheur, ni ombrage, ni contraste, aucune des idées, aucun des spectacles qui réjouissent le cœur. On y embrasserait un méchant pommier rabougri comme un ami.

Une route départementale, récemment faite, enfilait cette plaine à un point de bifurcation sur la grande route. Après quelques lieues, se trouvait au pied d'une colline, comme son nom l'indiquait, Montégnac, chef-lieu d'un canton où commence un des arrondissemens de la Haute-Vienne. La colline dépend de Montégnac qui réunit dans sa circonscription la nature montagnarde et la nature des plaines. Cette commune est une petite Écosse avec ses basses et ses hautes terres.

Derrière la colline, au pied de laquelle gît le bourg, s'élève à deux lieues environ un premier pic de la chaîne corrézienne. Dans cet espace s'étale la grande forêt dite de Montégnac, qui prend à la colline de Montégnac, la descend, remplit les vallons et les côteaux arides pelés par grandes places, embrasse le pic et arrive jusqu'à la route d'Aubusson par une langue dont la pointe meurt sur un escarpement de ce chemin. L'escarpement domine une gorge par où passe la grande route de Bordeaux à Lyon.

Souvent les voitures, les voyageurs, les piétons avaient été arrêtés au fond de cette gorge dangereuse par des voleurs dont les coups de main demeuraient impunis ; le site les favorisait, ils gagnaient, par des sentiers à eux connus, les hautes parties inaccessibles de la forêt. Un pareil pays offrait peu de prise aux investigations de la justice. Personne n'y passait. Sans circulation, il ne saurait exister ni commerce, ni industrie, ni échange d'idées, aucune espèce de richesse : les merveilles physiques de la civilisation sont toujours le résultat d'idées primitives appliquées. La pensée est constamment le point de départ et le point d'arrivée de toute société. L'histoire de Montégnac est une preuve de cet axiôme de science sociale.

Quand l'administration put s'occuper des besoins urgens et matériels du pays, elle rasa cette langue de forêt, y mit un poste de gendarmerie qui accompagna la correspondance sur les deux relais; mais à la honte de la gendarmerie, ce fut la parole et non le glaive, le curé Bonnet et non le brigadier Chervin qui gagna cette bataille civile, en changeant le moral de la population. Ce grand curé, saisi pour ce pauvre pays d'une tendresse religieuse, tenta de le régénérer, et parvint à son but.

Après avoir voyagé durant trois heures dans ces plaines, alternativement caillouteuses et poudreuses, où les perdrix allaient en paix par compagnies, et faisaient entendre le bruit sourd et pesant de leurs aîles en s'envolant à l'approche de la voiture, l'abbé Gabriel, comme tous les voyageurs qui ont passé par là, vit poindre avec un certain plaisir les toîts du bourg.

A l'entrée de Montégnac est un de ces curieux relais de poste qui ne se voient qu'en France. Son indication consiste en une planche de chêne sur laquelle un prétentieux postillon a gravé ces mots: *Pausteo chevos*, noircis à l'encre, et attachée par quatre clous au-dessous d'une misérable écurie sans aucun cheval. La porte, presque toujours ouverte, a pour seuil une planche enfoncée sur champ, pour garantir des inondations pluviales le sol de l'écurie, plus bas que celui du chemin.

Le désolé voyageur aperçoit des harnais blancs, usés, raccommodés, prêts à céder au premier effort des chevaux. Les chevaux sont au labour, au pré, toujours ailleurs que dans l'écurie. Si par hasard ils sont dans l'écurie, ils mangent; s'ils ont mangé, le postillon est chez sa tante ou chez sa cousine; il rentre des foins, ou il dort; personne ne sait où il est, il faut attendre qu'on l'ait été chercher, il ne vient qu'après avoir fini sa besogne; quand il est arrivé, il se passe un temps infini avant qu'il ait trouvé une veste ou son fouet, et bricollé ses chevaux.

Sur le pas de la maison, une bonne grosse

femme s'impatiente plus que le voyageur et se donne plus de mouvement que ne s'en donneront les chevaux afin d'éteindre l'impatience de ce voyageur inespéré. Elle vous représente la maîtresse de poste dont le mari est aux champs.

Le favori de monseigneur laissa sa voiture devant une écurie de ce genre, dont les murs ressemblaient à une carte de géographie, et dont la toiture en chaume, fleurie comme un parterre, cédait sous le poids des joubarbes. Après avoir prié la maîtresse de tout préparer pour son départ qui aurait lieu dans une heure, il demanda le chemin du presbytère. La bonne femme lui montra entre deux maisons une ruelle qui menait à l'église, le presbytère était auprès. Pendant que le jeune abbé montait ce sentier plein de pierres et encaissé par des haies, la maîtresse de poste questionnait le postillon. Depuis Limoges, chaque postillon arrivant avait dit à son confrère partant les conjectures de l'évêché promulguées par le postillon de la capitale.

Ainsi, tandis qu'à Limoges les habitans se levaient en s'entretenant de l'exécution de l'assassin du père Pingret, sur toute la route, les gens de la campagne annonçaient la grâce de l'innocent obtenue par l'évêque, et jasaient sur les prétendues erreurs de la justice humaine. Quand plus tard Jean-François serait exécuté, peut-être devait-il être regardé comme un martyr.

Après avoir fait quelques pas en gravissant ce sentier rougi par les feuilles de l'automne, noir de mûrons et de prunelles, l'abbé Gabriel se retourna par le mouvement machinal qui nous porte tous à prendre connaissance des lieux où nous allons pour la première fois, espèce de curiosité physique innée que partagent les chevaux et les chiens.

La situation de Montégnac lui fut expliquée par les sources vives qu'épanche la colline dans une petite rivière, le long de laquelle passe la route départementale qui lie le chef-lieu de l'arrondissement à la préfecture.

Comme tous les villages de ce plateau, Montégnac est bâti en terre séchée au soleil, et façonnée en carrés égaux. Après un incendie, une habitation peut se trouver construite en briques. Les toîts sont en chaume. Tout y annonçait encore l'indigence.

En avant de Montégnac, s'étendaient plusieurs champs de seigle, de raves et de pommes de terre, conquis sur la plaine. Au penchant de la colline il vit quelques prairies à irrigations où s'élevaient ces célèbres chevaux limousins, qui furent, dit-on, un legs des Arabes quand ils descendirent des Pyrénées en France, pour expirer entre Poitiers et Tours sous la hache des Francs que commandait Charles-Martel. L'aspect des hauteurs avait de la sécheresse. Des places brûlées, rougeâtres, ardentes, indiquaient la terre aride où se plaît le châtaignier. Les eaux soigneusement appliquées aux irrigations, ne vivifiaient que les prairies bordées de châtaigniers, entourées de haies où croissait cette herbe fine et rare, courte et quasi sucrée qui produit cette race de chevaux fiers et délicats, sans grande résistance à la fatigue, mais brillans, excellens aux lieux où ils naissent, et sujets à changer par leur transplantation. Quelques mûriers récemment apportés annonçaient l'intention de cultiver la soie.

Comme la plupart des villages du monde, Montégnac n'avait qu'une seule rue, par où passait la route. Mais il y avait un haut et un bas Montégnac, divisés chacun par des ruelles tombant à angle droit sur la rue : une rangée de maisons assises sur la croupe de la colline, présentait le gai spectacle de jardins étagés ; leur entrée sur la rue nécessitait plusieurs degrés ; les unes avaient ces escaliers en terre, d'autres en cailloux, et, de ci de là, quelques vieilles femmes assises filant ou gardant les enfans, animaient la scène, entretenaient la conversation entre le haut et le bas Montégnac en se parlant à travers la rue ordinairement paisible, et se renvoyaient assez rapidement les nouvelles d'un bout à l'autre du bourg; les jardins, pleins d'arbres fruitiers, de choux, d'oignons, de légumes, avaient tous des ruches le long de leurs terrasses. Puis une autre rangée de maisons à jardins inclinés sur la rivière, dont le cours était marqué par de magnifiques chenevières et par ceux d'entre les arbres fruitiers qui aiment les terres humides, s'étendait parallèlement de niveau avec le sol; quelques-unes, comme celle de la poste, se trouvaient dans un creux et favorisaient ainsi l'industrie de quelques tisserands; presque toutes étaient ombragées par des noyers, l'arbre des terres fortes.

De ce côté, dans le bout opposé à celui de la grande plaine, était une habitation plus vaste et plus soignée que les autres, autour de laquelle se groupaient d'autres maisons également bien tenues. Ce hameau, séparé du bourg par ses jardins, s'appelait déjà Les Tascherons, nom qu'il conserve aujourd'hui. La commune était peu de chose par elle-même; mais il en dépendait une trentaine de métairies éparses.

Dans la vallée, quelques *traînes* semblables à celles de la Marche et du Berry, indiquaient les cours d'eau, dessinaient leurs franges vertes autour de cette commune, jetée là comme un vaisseau en pleine mer.

Quand une maison, une terre, un village, un pays, ont passé d'un état déplorable à un état satisfaisant, sans être encore ni splendide ni même riche; la vie semble si naturelle aux êtres vivans, qu'au premier abord, le spectateur ne peut jamais deviner les efforts immenses, infinis de petitesse, grandioses de persistance, le travail enterré des fondations, les labours oubliés sur lesquels reposent les premiers changemens. Aussi ce spectacle ne parut-il pas extraordinaire au jeune abbé quand il embrassa par un coup d'œil ce gracieux paysage. Il ignorait l'état de ce pays avant l'arrivée du curé Bonnet. Il fit quelques pas de plus en montant le sentier, et revit bientôt à une centaine de toises au-dessus des jardins dépendant des maisons du haut Montégnac, l'église et le presbytère, qu'il avait aperçus les premiers de loin, confusément mêlés aux ruines imposantes et enveloppées par des plantes grimpantes du vieux castel de Montégnac, une des résidences de la maison de Navarreins au douzième siècle.

Le presbytère, d'abord bâti pour un garde principal ou pour un intendant, s'annonçait par une longue et haute terrasse plantée de tilleuls, d'où la vue planait sur le pays. L'escalier de cette terrasse et les murs qui la soutenaient étaient d'une ancienneté constatée par les ravages du temps. Les pierres de l'escalier, déplacées par la force imperceptible mais continue de la végétation, laissaient passer de hautes herbes et des plantes sauvages. La mousse plate qui s'attache aux pierres avait appliqué son tapis vert dragon sur la hauteur de chaque marche. Les nombreuses familles des pariétaires, la camomille, les cheveux de Vénus sortaient par touffes abondantes et variées entre les barbacanes de la muraille, lézardée malgré son épaisseur. La nature y avait jeté la plus élégante tapisserie de fougères découpées, de gueules-de-loup violacées à pistils d'or, de vipérines bleues, de cryptogames bruns, si bien que la pierre semblait être un accessoire, et trouait cette fraîche tapisserie à de rares intervalles.

Sur cette terrasse, le buis dessinait les figures géométriques d'un jardin d'agrément, encadré par la maison du curé, au-dessus de laquelle le roc formait une marge blanchâtre ornée d'arbres souffrans, et penchés comme un plumage.

Ce presbytère, construit en cailloux et en mortier, avait un étage surmonté d'un énorme toit en pente à deux pignons, sous lequel s'étendaient des greniers sans doute vides, vu le délabrement des lucarnes. Le rez-de-chaussée se composait de deux chambres séparées par un corridor, au fond duquel était un escalier de bois par lequel on montait au premier étage, également composé de deux chambres. Une petite cuisine était adossée à ce bâtiment du côté de la cour où se voyaient une écurie et une étable parfaitement désertes, inutiles, abandonnées. Le jardin potager séparait la maison de l'église. Une galerie en ruines allait du presbytère à la sacristie.

Quand le jeune abbé vit les quatre croisées à vitrages en plomb, les murs bruns et moussus, la porte de ce presbytère en bois brut fendillé comme un paquet d'allumettes, loin d'être saisi par l'adorable naïveté de ces détails, par la grâce des végétations qui garnissaient les toîts, les appuis en bois pourri des fenêtres, et les lézardes d'où s'échappaient de folles plantes grimpantes, par les cordons de vigne dont les pampres vrillés et les grapillons entraient par les fenêtres comme pour y apporter de riantes idées, il se trouva très heureux d'être évêque en perspective, plutôt que curé de village.

Cette maison toujours ouverte semblait appartenir à tous. L'abbé Gabriel entra dans la salle qui communiquait avec la cuisine, et y vit un pauvre mobilier : une table à quatre colonnes torses en vieux chêne, un fauteuil en tapisserie, des chaises tout en bois, un vieux bahut pour buffet. Personne dans la cuisine, excepté un chat qui révélait une femme au logis.

L'autre pièce servait de salon. En y jetant un coup d'œil, il aperçut des fauteuils en bois naturel et couverts en tapisserie, la boiserie et les solives du plafond étaient en châtaignier et d'un noir d'ébène. Il y avait une horloge dans sa caisse verte à fleurs peintes, une table ornée d'un tapis vert usé, quelques chaises, et sur la cheminée deux flambeaux entre lesquels était un enfant Jésus en cire, sous sa cage de verre. La cheminée revêtue de bois à moulures grossières, était cachée par un devant en papier dont le sujet représentait le bon Pasteur avec sa brebis sur l'épaule, sans doute le cadeau de la fille du maire ou du juge de paix, pour reconnaître les soins donnés à son éducation. Le piteux état de la maison faisait peine à voir : les murs, jadis blanchis à la chaux, étaient décolorés par places, teints à hauteur d'homme par les frottemens ; l'escalier à gros balustres et à marches en bois, quoique proprement tenu, paraissait devoir trembler sous le pied.

Au fond, en face de la porte d'entrée, une autre porte ouverte donnant sur le jardin potager permit à l'abbé de Rastignac de mesurer le peu de largeur de ce jardin, encaissé comme par un mur de fortification taillé dans la pierre blanchâtre et friable de la montagne que tapissaient de riches espaliers, de longues treilles mal entretenues, et dont toutes les feuilles étaient dévorées de lèpre.

Il revint sur ses pas, se promena dans les allées du premier jardin, d'où se découvrit à ses yeux, par-dessus le village, le magnifique spectacle de la vallée, véritable oasis située au bord des vastes plaines qui, voilées par les légères brumes du matin, ressemblaient à une mer calme. En arrière, on apercevait d'un côté les vastes repoussoirs de la forêt bronzée, et de l'autre l'église et les ruines du château perchés sur le roc et qui se détachaient vivement sur l'océan des plaines.

En faisant crier sous ses pas le sable des petites allées en étoile, en rond, en losange, l'abbé Gabriel regarda tour à tour le village où les habitans réunis par groupes l'examinaient déjà, puis cette vallée fraîche avec ses chemins épineux, sa rivière bordée de saules si bien opposée à l'infini des plaines; il fut alors saisi par des sensations qui changèrent la nature de ses idées : il admira le calme de ces lieux, il fut soumis à l'influence de cet air pur, à la paix inspirée par la révélation d'une vie ramenée vers la simplicité biblique; il entrevit confusément les beautés de cette cure où il rentra pour en examiner les détails avec une curiosité sérieuse.

Une petite fille, sans doute chargée de garder la maison, mais occupée à picoter les fruits dans le jardin, entendit, sur les grands carreaux qui dallaient les deux salles basses, les pas d'un homme chaussé de souliers craquans. Elle vint. Etonnée d'être surprise un fruit à la main, un autre entre ses dents, elle ne répondit rien aux questions de ce beau, jeune, mignon abbé. La petite n'avait jamais cru qu'il pût exister un abbé semblable, éclatant de linge en batiste, tiré à quatre épingles, vêtu de beau drap noir, sans une tache ni un pli.

— Monsieur Bonnet, dit-elle enfin, monsieur Bonnet dit la messe, et mademoiselle Ursule est à l'église.

L'abbé Gabriel n'avait pas vu la galerie par laquelle le presbytère communiquait à l'église, il regagna le sentier pour y entrer par la porte principale. Cette espèce de porche en auvent regardait le village, on y parvenait par des degrés en pierres disjointes et usées qui dominaient une place ravinée par les eaux et ornée de ces gros ormes dont la plantation fut ordonnée par le protestant Sully.

CHAPITRE ONZIÈME.

Une scène d'Église.

L'église, une des plus pauvres églises de France où il y en a de bien pauvres, ressemblait à ces énormes granges qui ont au-dessus de leur porte un toît avancé soutenu par des piliers de bois ou de briques. Bâtie en cailloux et en mortier, comme la maison du curé, flanquée d'un clocher carré, sans flèche et couvert en grosses tuiles rondes, cette église avait pour ornemens extérieurs les plus riches créations de la sculpture, mais enrichies de lumière et d'ombres, fouillées, massées et colorées par la nature qui s'y entend aussi bien que Michel-Ange. Des deux côtés, le lierre embrassait les murailles de ses tiges nerveuses en dessinant à travers son feuillage autant de veines qu'il s'en trouve sur un écorché. Ce manteau, jeté par le temps pour couvrir les blessures qu'il avait faites, était diapré par les fleurs d'automne nées dans les crevasses, et donnait asile à des oiseaux qui chantaient. La fenêtre en rosace, au-dessus de l'auvent du porche, était enveloppée de campanules bleues comme la première page d'un missel richement peint. Le flanc qui communiquait avec la cure, à l'exposition du nord, était moins fleuri, la muraille s'y voyait grise et rouge par grandes places où s'étalaient des mousses; mais l'autre flanc et le chevet entourés par le cimetière offraient des floraisons abondantes et variées. Quelques arbres, entre autres un amandier, un des emblèmes de l'espérance, s'étaient logés dans les lézardes. Deux pins gigantesques adossés au chevet servaient de paratonnerres.

Le cimetière, bordé d'un petit mur en ruines que ses propres décombres maintenaient à hauteur d'appui, avait pour ornement une croix en fer montée sur un socle, garnie de buis bénit à Pâques par une de ces touchantes pensées chrétiennes oubliées dans les villes. Le curé de village est le seul prêtre qui vienne dire à ses morts au jour de la résurrection paschale : — Vous revivrez heureux!

Çà et là quelques croix pourries jalonnaient les éminences couvertes d'herbes.

L'intérieur s'harmoniait parfaitement au

négligé poétique de cet humble extérieur dont le luxe était fourni par le temps, charitable une fois. Au-dedans, l'œil s'attachait d'abord à la toiture, intérieurement doublée en châtaignier, auquel l'âge avait donné les plus riches tons des vieux bois de l'Europe, et que soutenaient, à des distances égales, de nerveux supports appuyés sur des poutres transversales. Les quatre murs blanchis à la chaux n'avaient aucun ornement. La misère rendait cette paroisse iconoclaste sans le savoir.

L'église, carrelée et garnie de bancs, était éclairée par quatre croisées latérales en ogive, à vitrages en plomb.

L'autel, en forme de tombeau, avait pour ornement un grand crucifix au-dessus d'un tabernacle en noyer décoré de quelques moulures propres et luisantes, huit flambeaux à cierges économiques en bois peint en blanc, puis deux vases en porcelaine pleins de fleurs artificielles, dont n'aurait pas voulu le portier d'un agent de change, et dont Dieu se contentait.

La lampe du sanctuaire était une veilleuse placée dans un ancien bénitier portatif en cuivre argenté, suspendu par des cordes en soie qui venaient de quelque château démoli.

Les fonts baptismaux étaient en bois comme la chaire et comme une espèce de cage pour les marguilliers, les patriciens du bourg.

Un autel de la Vierge offrait à l'admiration publique deux lithographies coloriées, encadrées dans un petit cadre doré. Il était peint en blanc, décoré de fleurs artificielles plantées dans des vases tournés en bois doré, et recouvert par une nappe festonnée de méchantes dentelles rousses.

Au fond de l'église, une longue croisée voilée par un grand rideau en calicot rouge, produisait un effet magique. Ce riche manteau de pourpre jetait une teinte rose sur les murs blanchis à la chaux, il semblait qu'une pensée divine rayonnât de l'autel et embrassât cette pauvre nef pour la réchauffer.

Le couloir qui conduisait à la sacristie offrait sur une de ses parois le patron du village, un grand saint Jean-Baptiste avec son mouton sculptés en bois et horriblement peints.

Malgré tant de pauvreté, cette église ne manquait pas des douces harmonies qui plaisent aux belles âmes, et que les couleurs mettent si bien en relief. Les teintes brunes et riches du bois relevaient admirablement le blanc pur des murailles, et se mariaient sans discordance à la pourpre triomphante jetée sur le chevet. Cette sévère trinité de couleur rappelait la grande pensée catholique.

A l'aspect de cette chétive maison de Dieu, si le premier sentiment était la surprise, il était suivi d'une admiration mêlée de pitié : n'exprimait-elle pas la misère du pays? ne s'accordait-elle pas à la simplicité naïve du presbytère ? Elle était d'ailleurs propre et bien tenue. On y respirait comme un parfum de vertus champêtres, rien n'y trahissait l'abandon. Quoique rustique et simple, elle était habitée par la Prière, elle avait une âme, on le sentait sans s'expliquer comment.

L'abbé Gabriel se glissa doucement pour ne point troubler le recueillement de deux groupes placés en haut des bancs, auprès du maître-autel, qui était séparé de la nef à l'endroit où pendait la lampe, par une balustrade assez grossière, toujours en bois de châtaignier, garnie de la nappe destinée à la communion. De chaque côté de la nef, une vingtaine de paysans et de paysannes, plongés dans la prière la plus fervente, ne firent aucune attention à l'étranger quand il monta le chemin étroit qui divisait les deux rangées de bancs.

Arrivé sous la lampe, endroit d'où il pouvait voir les deux petites nefs qui figuraient la croix, et dont l'une conduisait à la sacristie, l'autre au cimetière, l'abbé Gabriel aperçut du côté du cimetière une famille vêtue de noir, et agenouillée sur le carreau ; ces deux parties de l'église n'avaient pas de bancs. Le jeune abbé se prosterna sur la marche de la balustrade qui séparait le chœur de la nef, et se mit à prier, en examinant par un regard oblique ce spectacle qui lui fut bientôt expliqué.

L'Evangile était dit. Le curé quitta sa chasuble et descendit de l'autel pour venir à la balustrade. Le jeune abbé, qui prévit ce mouvement, s'adossa au mur avant que monsieur Bonnet ne pût le voir. Dix heures sonnaient.

— Mes frères, dit le curé d'une voix émue, en ce moment même, un enfant de cette paroisse va payer sa dette à la justice humaine en subissant le dernier supplice : nous offrons le saint sacrifice de la messe pour le repos de son âme. Unissons nos prières afin d'obtenir de Dieu qu'il ne l'abandonne pas dans ses derniers momens, et que son repentir lui mérite dans le ciel la grâce qui lui a été refusée ici-bas. La perte de ce malheureux enfant, un de ceux sur lesquels nous avions le plus compté pour donner de bons exemples, ne peut être attribuée qu'à la méconnaissance des principes religieux...

Le curé fut interrompu par des sanglots qui partaient du groupe formé par la famille en deuil, et dans lequel le jeune prêtre, à ce surcroît d'affliction, reconnut les Tascheron, sans les avoir jamais vus.

D'abord étaient collés contre la muraille, deux vieillards au moins septuagénaires, deux figures à rides profondes et immobiles, bistrées comme un bronze florentin. Ces deux personnages, stoïquement debout comme des statues dans leurs vieux vêtemens rapetassés, devaient être le grand-père et la grand'mère du condamné. Leurs yeux rougis et vitreux semblaient pleurer du sang, leurs bras tremblaient tant que les bâtons sur lesquels ils s'appuyaient rendaient un léger bruit sur le carreau.

Après eux, le père et la mère, les visages cachés dans leurs mouchoirs, fondaient en larmes.

Autour de ces quatre chefs de la famille, se tenaient à genoux deux sœurs mariées, accompagnées de leurs maris. Puis, trois fils stupides de douleur.

Cinq petits enfans agenouillés, dont le plus âgé n'avait que sept ans, ne comprenaient sans doute point ce dont il s'agissait, ils regardaient, ils écoutaient avec la curiosité torpide en apparence qui distingue le paysan, mais qui est l'observation des choses physiques poussée au plus haut degré.

Enfin, la pauvre fille emprisonnée par un désir de la justice, la dernière venue, cette Denise, martyre de son amour fraternel, écoutait d'un air qui tenait à la fois de l'égarement et de l'incrédulité. Pour elle, son frère ne pouvait pas mourir. Elle représentait admirablement celle des trois Marie qui ne croyait pas à la mort du Christ, tout en en partageant l'agonie. Pâle, les yeux secs, comme le sont ceux des personnes qui ont beaucoup veillé, sa fraîcheur était déjà flétrie moins par les travaux champêtres que par le chagrin; mais elle avait encore la beauté des filles de campagne, des formes pleines et rebondies, de beaux bras rouges, une figure toute ronde, des yeux purs, allumés en ce moment par l'éclair du désespoir. Sous le cou, à plusieurs places, une chair ferme et blanche que le soleil n'avait pas brunie, annonçait une riche carnation, une blancheur cachée.

Les deux filles mariées pleuraient, leurs maris, cultivateurs patiens, étaient graves. Les trois autres garçons, profondément tristes, tenaient leurs yeux abaissés vers la terre.

Dans ce tableau horrible de résignation et de

douleur sans espoir, Denise et sa mère offraient seules une teinte de révolte.

Les autres habitans s'associaient à l'affliction de cette famille respectable par une sincère et pieuse commisération qui donnait à tous les visages la même expression, et qui monta jusqu'à l'effroi quand les quelques phrases du curé firent comprendre qu'en ce moment le couteau tombait sur la tête de ce jeune homme que tous connaissaient, avaient vu naître, et avaient jugé sans doute incapable de commettre un crime.

Les sanglots qui interrompirent la simple et courte allocution que le prêtre devait faire à ses ouailles, le troublèrent à un point qu'il la cessa promptement, en les invitant à prier avec ferveur.

Quoique ce spectacle ne fût pas de nature à surprendre un prêtre, Gabriel de Rastignac était trop jeune pour ne pas être profondément touché. Il n'avait pas encore exercé les vertus du prêtre, il se savait appelé à d'autres destinées, il n'avait pas à aller sur toutes les brèches sociales où le cœur saigne à la vue des maux qui les encombrent; sa mission était celle du haut clergé qui maintient l'esprit de sacrifices, représente l'intelligence élevée de l'église, et dans les occasions d'éclat déploie ces mêmes vertus sur de plus grands théâtres, comme les illustres évêques de Marseille et de Meaux, comme les archevêques d'Arles et de Cambrai.

Cette petite assemblée de gens de la campagne pleurant et priant pour celui qu'ils supposaient supplicié, dans une grande place, devant des milliers de gens venus de toutes parts pour agrandir encore le supplice par une honte immense; ce faible contrepoids de sympathies et de prières, opposé à cette multitude de curiosités féroces et de justes malédictions, était de nature à émouvoir, surtout dans cette pauvre église.

L'abbé Gabriel fut tenté d'aller dire aux Tascheron : Votre fils, votre frère a obtenu un sursis. Mais il eut peur de troubler la messe, il savait d'ailleurs que ce sursis n'empêcherait pas l'exécution. Au lieu de suivre l'office, il fut irrésistiblement entraîné à observer le pasteur de qui l'on attendait le miracle de la conversion du criminel.

Sur l'échantillon du presbytère, Gabriel de Rastignac s'était fait un portrait imaginaire de monsieur Bonnet : un homme gros et court, à figure forte et rouge, un rude travailleur à demi paysan, hâlé par le soleil. Loin de là, l'abbé trouva presque son égal.

De petite taille et débile en apparence, monsieur Bonnet frappait tout d'abord par le visage passionné qu'on suppose à l'apôtre : une figure presque triangulaire commencée par un large front sillonné de plis, achevée, des tempes à la pointe du menton, par les deux lignes maigres que dessinaient ses joues creuses. Dans cette figure endolorie par un teint jaune comme la cire d'un cierge, éclataient deux yeux d'un bleu lumineux de foi, brûlans d'espérance vive; elle était partagée par un nez long, mince et droit, à narines bien coupées, sous lequel parlait encore, même fermée, une bouche large, à lèvres prononcées, et d'où il sortait une de ces voix qui vont au cœur. La chevelure châtaine, rare, fine et lisse sur la tête, annonçait un tempéramment pauvre, soutenu seulement par un régime sobre. La volonté faisait toute la force de cet homme. Telles étaient ses distinctions. Ses mains courtes eussent indiqué chez tout autre une pente vers de grossiers plaisirs, et peut-être avait-il, comme Socrate, vaincu ses mauvais penchans. Sa maigreur était disgracieuse. Ses épaules se voyaient trop, ses genoux semblaient cagneux, le buste trop développé relativement aux extrémités lui donnait l'air d'un bossu sans bosse. En somme, il devait déplaire.

Les gens à qui les miracles de la Pensée, de la Foi, de l'Art sont connus, pouvaient seuls adorer ce regard enflammé du martyr, cette pâleur de la constance et cette voix de l'amour qui distinguaient le curé Bonnet. Cet homme, digne de la primitive église qui n'existe plus que dans les tableaux du seizième siècle et dans les pages du martyrologe, était marqué du sceau des grandeurs humaines qui approchent le plus des grandeurs divines, par la Conviction dont le relief indéfinissable embellit les figures les plus vulgaires, dore d'une teinte chaude le visage des hommes voués à un Culte quelconque, comme il relève d'une sorte de lumière la figure de la femme glorieuse de quelque bel amour. La conviction est la volonté humaine arrivée à sa plus grande puissance. Tout à la fois effet et cause, elle impressionne les âmes les plus froides, elle est une sorte d'éloquence muette qui saisit les masses.

En descendant de l'autel, le curé rencontra le regard de l'abbé Gabriel, il le reconnut, et quand le secrétaire de l'évêché se présenta dans la sacristie, Ursule, à laquelle son maître avait donné déjà ses ordres, y était seule et invita le jeune abbé à la suivre.

— Monsieur, dit Ursule, femme d'un âge canonique en emmenant l'abbé de Rastignac par la galerie dans le jardin. Monsieur le curé m'a dit de vous demander si vous aviez déjeûné. Comme vous avez dû partir de grand matin de Limoges pour être ici à dix heures, je vais tout préparer pour le déjeûner. Monsieur l'abbé ne trouvera pas ici la table de monseigneur ; mais nous ferons de notre mieux. Monsieur Bonnet ne va pas tarder à revenir, il est allé consoler ces pauvres gens... les Tascheron... Voici la journée où leur fils éprouve un bien terrible accident....

— Mais, dit enfin l'abbé Gabriel, où est la maison de ces braves gens, je dois emmener monsieur Bonnet à l'instant à Limoges d'après l'ordre de monseigneur. Ce malheureux ne sera pas exécuté aujourd'hui, monseigneur a obtenu un sursis...

— Ah! dit Ursule à qui la langue démangeait d'avoir à répandre cette nouvelle, monsieur a bien le temps d'aller leur porter cette consolation pendant que je vais apprêter le déjeûner, la maison aux Tascheron est au bout du village. Suivez le sentier qui passe au bas de la terrasse, il vous y conduira.

Quand Ursule eut perdu de vue l'abbé Gabriel, elle descendit répandre la nouvelle dans le village, en y allant chercher les choses nécessaires au déjeûner.

CHAPITRE DOUZIÈME.

L'Émigration.

Le curé avait brusquement appris à l'église une résolution désespérée inspirée aux Tascheron par le rejet du pourvoi en cassation. Ces braves gens quittaient le pays, et devaient, dans cette matinée, recevoir le prix de leurs biens vendus à l'avance.

La vente avait exigé des délais et des formalités imprévus par eux, ils étaient donc restés dans le pays depuis la condamnation de Jean-François. Chaque jour avait été pour ces honnêtes gens un calice d'amertume à boire. Ce projet accompli si mystérieusement ne transpira que la veille du jour où l'exécution devait avoir lieu. Les Tascheron crurent pouvoir quitter le pays avant cette fatale journée ; mais l'acquéreur de leurs biens était un homme étranger au canton, un Corrézien à qui leurs motifs étaient indifférens, et qui d'ailleurs avait éprouvé des retards dans la rentrée de ses fonds. Ainsi la famille était obligée de subir son malheur jusqu'au bout.

Le sentiment qui dictait cette expatriation était si violent dans ces âmes simples, peu habituées à des transactions avec la conscience, que le grand-père et la grand'mère, les filles et leurs maris, le père et la mère, tout ce qui portait le nom de Tascheron ou leur était allié de près, quittait le pays. Cette émigration peinait la commune. Le maire était venu prier le curé d'essayer de retenir les Tascheron.

Selon la loi nouvelle, le père n'est plus responsable du fils, le crime du père n'entache plus sa famille. En harmonie avec les différentes émancipations qui ont tant affaibli la puissance paternelle, ce système a fait triompher l'individualisme qui dévore la société moderne. Aussi le penseur aux choses d'avenir voit-il l'esprit de famille détruit, là où les rédacteurs du nouveau code ont mis le libre arbitre et l'égalité. La famille sera toujours la base des sociétés. La famille, nécessairement temporaire, incessamment divisée, recomposée pour se dissoudre encore, sans liens entre l'avenir et le passé, n'existe plus en France.

Ceux qui ont procédé à la démolition de l'ancien édifice ont été logiques en partageant également les biens de la famille, en amoindrissant l'autorité du père, en faisant de tout enfant le chef d'une nouvelle famille, en supprimant les grandes responsabilités ; mais l'Etat social reconstruit est-il aussi solide avec ses jeunes lois, encore sans longue épreuve, que la monarchie l'était malgré ses anciens

En perdant la solidarité des familles, la société a perdu cette force fondamentale que Montesquieu avait découverte et nommée *l'honneur*. Elle a tout isolé pour mieux dominer, elle a tout partagé pour affaiblir ; elle règne sur des unités, sur des chiffres agglomérés comme des grains de blé dans un tas.

Les intérêts généraux peuvent-ils remplacer les familles ? Le temps a le mot de cette grande question.

Néanmoins la vieille loi subsiste, elle a poussé des racines si profondes que vous en retrouvez de vivaces dans les régions populaires. Il est encore des coins de province où ce qu'on nomme le préjugé subsiste, où la famille souffre du crime d'un de ses enfans, ou d'un de ses pères. Cette croyance rendait le pays inhabitable aux Tascheron. Leur profonde religion les avait amenés à l'église le matin : était-il possible de laisser dire, sans y participer, la messe offerte à Dieu pour lui demander d'inspirer à leur fils un repentir qui le rendît à la vie éternelle, et d'ailleurs ne devaient-ils pas faire leurs adieux à l'autel de leur village. Mais le projet était consommé.

Quand le curé, qui les suivit, entra dans leur principale maison, il trouva les sacs préparés pour le voyage? L'acquéreur attendait ses vendeurs avec leur argent. Le notaire achevait de dresser les quittances.

Dans la cour, derrière la maison, une carriole attelée devait conduire à Limoges les vieillards avec l'argent, et la mère de Jean-François. Le reste de la famille comptait partir à pied nuitamment.

Au moment où le jeune abbé entra dans la salle-basse où se trouvaient réunis tous ces personnages, le curé de Montégnac avait épuisé les ressources de son éloquence.

Les deux vieillards, insensibles à force de douleur, étaient accroupis dans un coin sur leurs sacs, en regardant leur vieille maison héréditaire, ses meubles et l'acquéreur, et se regardant tour à tour comme pour se dire: Avons-nous jamais cru que pareil événement pût arriver? Ces vieillards qui, depuis long-temps, avaient résigné leur autorité à leur fils, le père du criminel, étaient, comme de vieux rois après leur abdication, redescendus au rôle passif des sujets et des enfans.

Tascheron était debout, il écoutait le pasteur auquel il répondait à voix basse par des monosyllabes. Cet homme, âgé d'environ quarante-huit ans, avait cette belle figure que Titien a trouvée pour tous ses apôtres: une figure de foi, de probité sérieuse et réfléchie, un profil sévère, un nez coupé en angle droit, des yeux bleus, un front noble, des traits réguliers, des cheveux noirs et crépus, résistans, plantés avec cette symétrie qui donne du charme à ces figures brunies par les travaux en plein air. Il était facile de voir que les raisonnemens du curé se brisaient devant une inflexible volonté.

Denise était appuyée contre la hutte au pain, regardant le notaire qui se servait de ce meuble comme d'une table à écrire, et à qui l'on avait donné le fauteuil de la grand'-mère.

L'acquéreur était assis sur une chaise à côté du tabellion.

Les deux sœurs mariées mettaient la nappe sur la table et servaient le dernier repas que les ancêtres allaient offrir et faire dans leur maison, dans leur pays, avant d'aller sous des cieux inconnus. Les hommes étaient à demi-assis sur un grand lit de serge verte.

La mère occupée à la cheminée, y battait une omelette. Les petits enfans encombraient la porte devant laquelle était la famille de l'acquéreur.

La vieille salle enfumée, à solives noires, et par la fenêtre de laquelle se voyait un jardin bien cultivé, dont tous les arbres avaient été plantés par ces deux septuagénaires, était en harmonie avec leurs douleurs concentrées, qui se lisaient en tant d'expressions différentes sur ces visages. Le repas était surtout apprêté pour le notaire, pour l'acquéreur, pour les enfans et les hommes. Le père et la mère, Denise et ses sœurs avaient le cœur trop serré pour satisfaire leur faim. Il y avait une haute et cruelle résignation dans ces derniers devoirs de l'hospitalité champêtre accomplis. Les Tascheron, ces hommes antiques, finissaient comme on commence, en faisant les honneurs du logis.

Ce tableau sans emphase et néanmoins plein

de solennité, frappa les regards du secrétaire de l'évêché quand il vint apprendre au curé de Montégnac les intentions de ce prélat.

— Le fils de ce brave homme vit encore, dit Gabriel au curé.

A cette parole, comprise par tous au milieu du silence, les deux vieillards se dressèrent sur leurs pieds, comme si la trompette du Jugement dernier eût sonné. La mère laissa tomber sa poêle dans le feu. Denise jeta un cri de joie. Tous les autres demeurèrent dans une stupéfaction qui les pétrifia.

— Jean-François a sa grâce, cria tout-à-coup le village entier qui se rua vers la maison des Tascheron. C'est monseigneur l'évêque qui...

— Je savais bien qu'il était innocent, dit la mère.

— Cela n'empêche pas l'affaire, dit l'acquéreur au notaire qui lui répondit par un signe satisfaisant.

L'abbé Gabriel devint en un moment le point de mire de tous les regards, sa tristesse fit comprendre la fatale erreur, et pour ne pas la dissiper lui-même, il sortit suivi du curé, se plaça en dehors de la maison pour renvoyer la foule, en disant aux premiers qui l'environnèrent que l'exécution n'était que remise. Le tumulte fut donc aussitôt remplacé par un horrible silence. Au moment où l'abbé Gabriel et le curé revinrent, ils virent sur tous les visages l'expression d'une horrible inquiétude : le subit silence du village avait été deviné.

— Mes amis, Jean-François n'a pas obtenu sa grâce, dit le jeune abbé voyant que le coup était porté; mais l'état de son âme a tellement inquiété monseigneur, qu'il a fait retarder le dernier jour de votre fils pour au moins le sauver dans l'éternité.

— Il vit donc, s'écria Denise.

Le jeune abbé prit à part le curé pour lui

expliquer la situation périlleuse où l'impiété de son paroissien mettait la religion, et ce que l'évêque attendait de lui.

— Monseigneur exige ma mort, répondit le curé. J'ai déjà refusé à cette famille affligée d'aller assister ce malheureux enfant. Cette conférence et le spectacle qui m'attendrait me briseraient comme un verre. A chacun son œuvre. La faiblesse de mes organes, ou plutôt la trop grande mobilité de mon organisation nerveuse m'interdit d'exercer ces fonctions pénibles de notre ministère. Je suis resté simple curé de village pour être utile à mes semblables dans la sphère où je peux accomplir une vie chrétienne. Je me suis bien consulté pour satisfaire cette vertueuse famille et mes devoirs de pasteur envers ce pauvre enfant; mais à la seule pensée de monter avec lui sur la charrette des criminels, à la seule idée d'assister aux fatals apprêts, je sens un frisson de mort dans mes veines. On ne saurait exiger cela d'une mère : pensez, monsieur, qu'il est né dans le sein de ma pauvre église?

— Ainsi, dit l'abbé Gabriel, vous refusez d'obéir à monseigneur.

— Monseigneur ignore l'état de ma santé, il ne sait pas que chez moi la nature s'oppose..., dit monsieur Bonnet en regardant le jeune abbé.

— Il y a des momens où, comme Belzunce à Marseille, nous devons affronter des morts certaines, lui répliqua l'abbé Gabriel en l'interrompant.

En ce moment, le curé sentit sa soutane tirée par une main, il entendit des pleurs, se retourna, et vit toute la famille agenouillée : vieux et jeunes, petits et grands, hommes et femmes, tous tendaient des mains suppliantes. Il y eut un seul cri quand il leur montra sa face ardente.

— Sauvez au moins son âme!

La vieille grand'mère avait tiré le bas de la

soutane, et l'avait mouillée de ses larmes.

— J'obéirai, monsieur.

Cette parole dite, le curé fut forcé de s'asseoir, tant il tremblait sur ses jambes. Le jeune secrétaire expliqua dans quel état de frénésie était Jean-François.

— Croyez-vous, dit l'abbé Gabriel en terminant, que la vue de sa jeune sœur puisse le faire chanceler.

— Oui, certes, répondit le curé. Denise, vous nous accompagnerez.

— Et moi aussi, dit la mère.

— Non, s'écria le père. Cet enfant n'existe plus, vous le savez. Aucun de nous ne le verra.

— Ne vous opposez pas à son salut, dit le jeune abbé, vous seriez responsable de son âme en nous refusant les moyens de l'attendrir. En ce moment, sa mort peut devenir encore plus préjudiciable que sa vie.

— Elle ira, dit le père. Ce sera sa punition pour s'être opposée à toutes les corrections que je voulais infliger à son garçon !

CHAPITRE TREIZIÈME.

Le Curé Bonnet.

L'abbé Gabriel et monsieur Bonnet revinrent au presbytère, où Denise et sa mère furent invitées à se trouver au moment du départ des deux ecclésiastiques pour Limoges.

En cheminant le long de ce sentier qui suivait les contours du Haut-Montégnac, le jeune homme put examiner, moins superficiellement qu'à l'église, le curé si fort vanté par le vicaire-général. Il fut influencé promptement en sa faveur par des manières simples et pleines de dignité, par cette voix pleine de magie, par des paroles en harmonie avec la voix. Le curé n'avait été qu'une seule fois à l'évêché depuis que le prélat avait pris Gabriel de Rastignac pour secrétaire, à peine avait-il entrevu ce favori destiné à l'épiscopat, mais il savait quelle était son influence; néanmoins il se conduisit avec une aménité digne, où se trahissait l'indépendance souveraine que l'Église accorde aux curés dans leurs paroisses. Les sentimens du jeune abbé, loin d'animer sa figure, y imprimèrent un air sévère; elle demeura plus que froide, elle glaçait.

Un homme capable de changer le moral d'une population devait être doué d'un esprit d'observation quelconque, être plus ou moins physionomiste ; mais quand le curé n'eût possédé que la science du bien, il venait de prouver une sensibilité rare, il fut donc frappé de la froideur par laquelle le secrétaire de l'évêque accueillait ses avances et ses aménités.

Forcé de l'attribuer à quelque mécontentement secret, il cherchait en lui-même comment il avait pu le blesser, en quoi sa conduite était reprochable aux yeux de ses supérieurs. Il y eut un moment de silence gênant que l'abbé de Rastignac rompit par une interrogation pleine de morgue aristocratique.

— Vous avez une bien pauvre église, monsieur le curé ?

— Elle est trop petite, répondit monsieur Bonnet. Aux grandes fêtes, les vieillards mettent des bancs sous le porche, les jeunes gens sont debout en cercle sur la place; mais il règne un tel silence, que ceux du dehors peuvent entendre ma voix.

Gabriel garda le silence pendant quelque

instans. — Si les habitans sont religieux, comment la laissez-vous dans un pareil état de nudité? reprit-il.

— Hélas! monsieur, je n'ai pas le courage d'y dépenser des sommes qui peuvent secourir les pauvres. Les pauvres sont l'église. D'ailleurs, je ne craindrais pas la visite de Monseigneur, par un jour de Fête-Dieu! les pauvres rendent alors ce qu'ils ont à l'église! N'avez-vous pas vu, monsieur, les clous qui sont de distance en distance dans les murs? ils servent à y fixer une espèce de treillage en fil de fer où les femmes attachent des bouquets. L'église est alors en entier revêtue de fleurs qui restent fleuries jusqu'au soir. Ma pauvre église, que vous trouvez si nue, est parée comme une mariée, elle embaume, le sol est jonché de feuillages au milieu desquels on laisse, pour le passage du Saint-Sacrement, un chemin de roses effeuillées. Dans cette journée, je ne craindrais pas les pompes de Saint-

Pierre de Rome. Le Saint-Père a son or, moi j'ai mes fleurs ! à chacun son miracle. Ah ! monsieur, le bourg de Montégnac est pauvre, mais il est catholique. Autrefois on y dépouillait les passans, aujourd'hui le voyageur peut y laisser tomber un sac plein d'écus, il le retrouverait chez moi.

— Un tel résultat fait votre éloge, dit Gabriel.

— Il ne s'agit point de moi, répondit en rougissant le curé atteint par cette épigramme ciselée, mais de la parole de Dieu, du pain sacré.

— Du pain un peu bis, reprit en souriant l'abbé Gabriel.

— Le pain blanc ne convient qu'aux estomacs des riches, répondit modestement le curé.

Le jeune abbé prit alors les mains de monsieur Bonnet, et les lui serra cordialement :

— Pardonnez-moi, monsieur le curé, lui dit-il en se réconciliant avec lui tout à coup par un regard de ses beaux yeux bleus qui alla jusqu'au fond de l'âme du curé. Monseigneur m'a recommandé d'éprouver votre patience et votre modestie; mais je ne saurais aller plus loin, je vois déjà que les éloges des libéraux sont des calomnies.

Le déjeûner était prêt : des œufs frais, du beurre, du miel et des fruits, de la crême et du café, servis par Ursule, au milieu de bouquets de fleurs, sur une nappe blanche, sur la table antique, dans cette vieille salle à manger. La fenêtre, qui donnait sur la terrasse, était ouverte. La clématite chargée de ses étoiles blanches relevées au cœur par le bouquet jaune de ses étamines frisées, encadrait l'appui. Un jasmin courait d'un côté, des capucines montaient de l'autre. En haut, les pampres déjà rougis d'une treille faisaient une riche bordure qu'un sculpteur n'aurait pu rendre, tant le jour découpé par les dentelures des feuilles lui communiquait de grâce.

— Vous trouvez ici la vie réduite à sa plus simple expression, dit le curé en souriant sans quitter l'air que lui imprimait la tristesse qu'il avait au cœur. Si nous avions su votre arrivée, et qui pouvait en prévoir les motifs ! Ursule se serait procuré quelques truites de montagnes, il y a deux de nos torrens, au milieu de la forêt, qui en donnent d'excellentes.

— Vous vous plaisez beaucoup ici ? demanda le jeune abbé.

— Oui, monsieur. Si Dieu le permet, je mourrai curé de Montégnac. J'aurais voulu que mon exemple fût suivi par des hommes distingués qui ont cru faire mieux en devenant philantropes. La philantropie moderne est le malheur des sociétés, les principes de la religion catholique peuvent seuls guérir les maladies qui travaillent le corps social. Au lieu de décrire la maladie et d'étendre ses ravages par des plaintes élégiaques, chacun aurait dû mettre la main à l'œuvre, entrer en simple ouvrier dans la vigne du Seigneur. Ma tâche est loin d'être achevée ici, monsieur : il ne suffit pas de moraliser les gens que j'ai trouvés dans un état affreux de sentimens, je veux mourir au milieu d'une génération entièrement convaincue.

— Vous avez fait votre devoir, dit encore sèchement le jeune homme qui se sentit mordu au cœur par la jalousie.

— Oui, monsieur, répondit modestement le prêtre après lui avoir jeté un fin regard comme pour lui demander : Est-ce encore une épreuve ? Je souhaite à toute heure, ajouta-t-il, que chacun fasse le sien dans le royaume.

Sa phrase avait une signification profonde, elle fut accompagnée d'une accentuation qui prouvait qu'à la fin de 1828, ce prêtre, aussi grand par la pensée que par l'humilité de sa conduite, et qui subordonnait ses pensées à celles de ses supérieurs, voyait clair dans les destinées de la monarchie et de l'église.

Quand les deux femmes désolées furent venues, le jeune abbé, très impatient de revenir à Limoges, les laissa au presbytère et alla voir si les chevaux étaient mis. Quelques instans après, il revint annoncer que tout était prêt pour le départ. Tous quatre partirent aux yeux de la population entière de Montégnac, groupée sur le chemin, devant la poste. La mère et la sœur du condamné gardèrent le silence. Les deux prêtres, voyant des écueils dans beaucoup de sujets, ne pouvaient ni paraître indifférens, ni s'égayer. En cherchant quelque terrain neutre pour la conversation, ils traversèrent la plaine, dont l'aspect influa sur la durée de leur silence mélancolique.

— Par quelles raisons avez-vous embrassé l'état ecclésiastique? demanda tout-à-coup l'abbé Gabriel au curé Bonnet par une étourdie curiosité qui le prit quand la voiture déboucha sur la grand'route.

— Je n'ai point vu d'état dans la prêtrise, répondit-il simplement. Je ne comprends pas qu'on devienne prêtre par des raisons autres que les indéfinissables puissances de la vocation. Je sais que plusieurs hommes se sont fait les ouvriers de la vigne du Seigneur après avoir usé leur cœur au service des passions. Les uns ont aimé sans espoir, les autres ont été trahis. Ceux-ci ont perdu la fleur de leur vie en ensevelissant une épouse chérie, une maîtresse adorée ; ceux-là sont dégoûtés de la vie sociale à une époque où l'incertain plane sur toutes choses, même sur les sentimens, où le doute se joue des plus douces certitudes en les appelant des croyances. Plusieurs abandonnent la politique à une époque où le pouvoir doit sembler une expiation quand on regarde l'obéissance comme un hasard de la fatalité. Beaucoup quittent une société sans drapeaux, où les contraires s'unissent pour détrôner le bien. Je ne suppose pas qu'on se donne à Dieu par une pensée cupide. Quelques hommes peuvent voir dans la prêtrise un moyen de régénérer notre patrie ; mais, selon mes faibles lumières, le prêtre patriote est un non-sens. Le prêtre ne doit appartenir qu'à Dieu. Je n'ai pas voulu offrir à notre Père, qui cependant accepte tout, les débris de mon cœur et les restes de ma volonté, je me suis donné tout entier. Dans une des touchantes Théories des religions païennes, la victime destinée à leurs faux dieux allait au temple couronnée de fleurs. Cette coutume m'a toujours attendri. Un sacrifice n'est rien sans la grâce. Ma vie est donc simple et sans le plus petit roman. Cependant si vous voulez une confession entière, je vous dirai tout. Ma famille est au-dessus de l'aisance, elle est presque riche. Mon père, seul artisan de sa fortune, est un homme dur, inflexible; il traite d'ailleurs sa femme et ses enfans comme il se traite lui-même. Je n'ai jamais surpris sur ses lèvres le moindre sourire ; sa main de fer, son visage de bronze, son activité sombre et brusque à la fois, nous comprimaient tous, femmes, enfans, commis et domestiques, sous un despotisme étrange. J'aurais pu, je parle pour moi seul, m'accommoder de cette vie si ce pouvoir eût produit une compression égale, mais il était quinteux et vacillant. Nous ignorions toujours si nous faisions bien ou si nous étions en faute. L'horrible attente qui en résultait est insupportable dans la vie domestique. On préfère alors être dans la rue que chez soi. Si j'eusse été seul au logis, j'aurais encore tout souffert de mon père sans murmure ; mais mon cœur était déchiré par les douleurs acérées qui ne laissent pas de relâche à une mère ardemment aimée dont les pleurs surpris me causaient des rages pendant lesquelles je ne me connaissais plus. Le temps de mon séjour au collége, où les enfans sont en proie à tant de misères et de travaux, fut pour moi comme un âge d'or. Je craignais les jours de congé. Ma mère était elle-même heureuse de me venir voir. Quand j'eus fait mes humanités, que je dus rentrer sous le toit paternel et devenir commis de mon père, il me fut impossible d'y rester plus de quelques mois : ma raison, égarée par la force de l'adolescence, pouvait succomber. Par une triste soirée d'automne, en me promenant seul avec ma mère le long du boulevard Bourdon, alors un des plus tristes lieux de Paris, je déchargeai mon cœur dans le sien, et lui dis que je ne voyais de vie possible pour moi que dans l'église. Mes goûts, mes idées, mes amours même devaient être contrariés tant que vivrait mon père. Sous la soutane du prêtre, il serait forcé de me respecter, je pourrais ainsi devenir le protecteur de ma famille en certaines occasions. Elle pleura beaucoup. En ce moment mon frère aîné, devenu depuis général et mort à Leipsick, s'engageait comme simple soldat, poussé hors du logis par les raisons qui décidaient ma vocation. Je lui indiquai, comme moyen de salut pour elle, de choisir un gendre plein de caractère, de marier ma sœur dès qu'elle serait en âge d'être établie, et de s'appuyer sur cette nouvelle famille. Sous le prétexte d'échapper à la conscription sans rien coûter à mon père, et en déclarant aussi ma vocation, j'entrai donc en 1808, à l'âge de dix-neuf ans, au séminaire de Saint-Sulpice. Dans ces vieux bâtimens célèbres, je trouvai la paix et le bonheur, que troublèrent seulement les souffrances présumées de ma sœur et de ma mère. Leurs douleurs domestiques s'accroissaient sans doute, car lorsqu'elles me voyaient, elles me confirmaient dans ma résolution. Initié peut-être par mes douleurs aux secrets de la charité, comme l'a définie le grand saint Paul dans son adorable épître, je voulus panser les plaies du pauvre dans un coin de terre ignoré, puis prouver par mon exemple, si Dieu daignait bénir mes efforts, que la religion catholique, prise dans ses œuvres humaines, est la seule vraie, la seule bonne et belle puissance civilisatrice. Pendant les derniers jours de mon diaconat, la grâce m'a sans doute éclairé. J'ai pleinement pardonné à mon père, en qui j'ai vu l'instrument de ma destinée. Malgré une longue et tendre lettre où j'expliquais les choses en y montrant le doigt de Dieu imprimé partout, ma mère pleura bien des larmes en voyant tomber mes cheveux sous les ciseaux de l'église. Elle, savait elle, à combien de plaisirs je renonçais sans connaître à quelles gloires secrètes j'aspirais. Les femmes sont si tendres! Quand j'appartins à Dieu, je ressentis un calme sans bornes, je ne me sentais ni besoins, ni vanités, ni soucis des biens qui inquiètent tant les hommes. Je pensais que la Providence devait prendre soin de moi comme d'une chose à elle. J'entrais dans un monde d'où la crainte est bannie, où l'avenir est certain, et où toute chose est œuvre divine, même le silence. Cette quiétude est un des bienfaits de la grâce. Ma mère ne concevait pas qu'on pût épouser une église; néanmoins en me voyant le front serein, l'air heureux, elle fut heureuse. Après avoir été ordonné, je vins voir en Limousin un de mes parens paternels qui, par hasard, me parla de l'état dans lequel était le canton de Montégnac. Une pensée jaillie avec l'éclat de la lumière me dit intérieurement : Voilà ta vigne ! Et j'y suis venu. Ainsi, monsieur, mon histoire est, vous le voyez, bien simple et sans intérêt.

En ce moment, aux feux du soleil couchant, Limoges apparut. A cet aspect, les deux femmes ne purent retenir leurs larmes.

CHAPITRE QUATORZIÈME.

Le Condamné.

Le jeune homme que ces deux tendresses différentes allaient chercher, et qui excitait tant d'ingénues curiosités, tant de sympathies hypocrites, gisait sur un grabat de la prison, dans la chambre destinée aux condamnés à mort. Un espion veillait à la porte pour saisir les paroles qui pouvaient lui échapper, soit dans le sommeil, soit dans ses accès de fureur; tant la justice tenait à épuiser tous les moyens humains pour arriver à connaître le complice de Jean-François Tascheron, et retrouver les sommes volées. Les des Vauneaulx avaient intéressé la police, et la police épiait ce silence absolu. Quand l'homme commis à la garde morale du prisonnier le regardait par une meurtrière faite exprès, il le trouvait toujours dans la même attitude, enseveli dans sa camisole, la tête attachée par un bandage en cuir, depuis qu'il avait essayé de déchirer l'étoffe et les ligatures avec ses dents. Jean-François regardait le plancher d'un œil fixe et désespéré, ardent et comme rougi par l'affluence d'une vie que de terribles pensées soulevaient. Il offrait une vivante sculpture du Prométhée antique. La pensée de quelque bonheur perdu lui dévorait le cœur.

Quand le premier avocat-général était venu le voir, il n'avait pu s'empêcher de témoigner la surprise qu'inspirait un caractère si continu. A la vue de tout être vivant qui s'introduisait dans sa prison, Jean-François entrait dans une rage qui dépassait alors les bornes connues par les médecins en ces sortes d'affections. Dès qu'il entendait la clé tourner dans la serrure ou tirer les verroux de la porte garnie en fer, une légère écume lui blanchissait les lèvres.

Jean-François avait alors vingt-cinq ans, il était petit, mais bien fait. Ses cheveux crépus et durs, plantés assez bas, annonçaient une grande énergie. Ses yeux, d'un jaune clair et lumineux, se trouvaient trop rapprochés vers la naissance du nez, défaut qui lui donnait une ressemblance avec les oiseaux de proie. Il avait le visage rond et d'un coloris brun qui distingue les habitans du centre de la France. Un trait de sa physionomie confirmait une assertion de Lavater sur les gens destinés au meurtre : il avait les dents de devant croisées. Néanmoins sa figure présentait les caractères de la probité, d'une douce naïveté de mœurs. Il n'avait point semblé extraordinaire qu'une femme eût pu l'aimer avec passion. Sa bouche fraîche, ornée de dents d'une blancheur éclatante, était gracieuse. Le rouge des lèvres se faisait remarquer par cette teinte de minium qui annonce une férocité contenue, et qui trouve chez beaucoup d'êtres un champ libre dans les ardeurs du plaisir. Son maintien n'accusait aucune des mauvaises habitudes des ouvriers. Aux yeux des femmes qui suivirent les débats, il parut évident qu'une femme avait assoupli ces fibres accoutumées au travail, ennobli la contenance de cet homme des champs, et donné de la grâce à sa personne. Les femmes reconnaissent les traces de l'amour chez un homme, aussi bien que les hommes voient chez une femme si, selon un mot de la conversation, l'amour a passé par là.

Dans la soirée même de ce jour, quelques momens avant le coucher du soleil, Jean-François entendit le mouvement des verrous et le bruit de la serrure. Il tourna violemment la tête et lança le terrible grognement sourd par lequel commençait sa rage ; mais il trembla violemment quand, dans le jour adouci du couchant, les têtes aimées de sa sœur et de sa mère se dessinèrent, et derrière elles le visage du curé de Montégnac.

— Les barbares ! voilà ce qu'ils me réservaient, dit-il en fermant les yeux.

Denise se défiait de tout dans une prison, l'espion s'était sans doute caché pour revenir, elle se précipita sur son frère, pencha son visage en larmes sur le sien, et lui dit à l'oreille : — On nous écoutera peut-être.

—Autrement on ne vous aurait pas envoyées, répondit-il à haute voix. J'ai depuis long-temps demandé comme une grâce de ne voir personne de ma famille.

— Comme ils l'ont arrangé, dit la mère au curé. Mon pauvre enfant, mon pauvre enfant !

Elle tomba sur le pied du grabat, en cachant sa tête dans la soutane du prêtre qui se tint debout auprès d'elle.

— Je ne saurais le voir ainsi lié, garotté, mis dans ce sac...

— Si Jean veut me promettre d'être sage, dit le curé, de ne point attenter à sa vie, et de se bien conduire pendant que nous serons avec lui, j'obtiendrai qu'il soit délié. Mais la moindre infraction à sa promesse retomberait sur moi.

— J'ai tant besoin de me mouvoir à ma fantaisie, cher monsieur Bonnet, dit le condamné dont les yeux se mouillèrent de larmes, que je vous donne ma parole de vous satisfaire.

Le curé sortit, le geôlier entra, la camisole fut ôtée.

— Vous ne me tuerez pas ce soir, lui dit le porte-clés.

Jean ne répondit rien.

— Pauvre frère! dit Denise en apportant un panier que l'on avait soigneusement visité, voici quelques-unes des choses que tu aimes, car on te nourrit sans doute pour l'amour de Dieu!

Elle lui montra des fruits cueillis aussitôt qu'elle sut pouvoir entrer le voir dans sa prison, une galette faite pour le dernier repas, et que sa mère avait aussitôt soustraite. Cette attention, qui lui rappelait son jeune temps; puis sa famille, la voix et les gestes de sa sœur, la présence de sa mère, celle du curé, tout détermina chez Jean une réaction : il fondit en larmes.

— Ah! Denise, dit-il, je n'ai pas fait un seul repas depuis six mois. J'ai mangé poussé par la faim, voilà tout!

La mère et la fille sortirent, allèrent et

vinrent. Animées par cet esprit qui porte les ménagères à procurer aux hommes leur bien-être, elles finirent par servir un souper à leur pauvre enfant. Elles furent aidées : il y avait ordre de les seconder en tout ce qui serait compatible avec la sûreté du condamné. Les des Vanneaulx avaient eu le triste courage de contribuer au bien-être de celui de qui ils attendaient encore leur héritage. Jean eut donc ainsi un dernier reflet des joies de la famille, joies attristées par la teinte sévère que leur donnait la circonstance.

— Mon pourvoi est rejeté? dit-il à monsieur Bonnet.

— Oui, mon enfant. Il ne te reste plus qu'à faire une fin digne d'un chrétien. Cette vie n'est rien en comparaison de celle qui t'attend; il faut songer à ton bonheur éternel. Tu peux t'acquitter avec les hommes en leur laissant la vie, mais Dieu ne se contente pas de si peu de chose.

— Laisser ma vie ?... Ah! vous ne savez pas tout ce qu'il me faut quitter.

Denise le regarda comme pour lui dire que, jusque dans les choses religieuses, il fallait de la prudence.

— Ne parlons point de cela, reprit-il en mangeant des fruits avec une avidité qui dénotait un feu intérieur d'une grande intensité. Quand dois-je...

— Non, rien de ceci encore devant moi, dit la mère.

— Mais je serais plus tranquille, dit-il tout bas au curé.

— Toujours son même caractère, s'écria monsieur Bonnet, qui se pencha vers lui pour lui dire à l'oreille : — Si vous vous réconciliez cette nuit avec Dieu, et si votre repentir me permet de vous absoudre, ce sera demain. Nous avons obtenu déjà beaucoup en vous calmant, répéta-t-il à haute voix.

En entendant ces derniers mots, les lèvres

de Jean pâlirent, ses yeux se tournèrent par une violente contraction, et il passa sur sa face un frisson d'orage.

—Comment, suis-je calme? se demanda-t-il.

Heureusement, il rencontra les yeux pleins de larmes de sa Denise, et il reprit de l'empire sur lui.

— Eh bien! il n'y a que vous que je puisse entendre, dit-il au curé. Ils ont bien su par où l'on devait me prendre.

Et il se jeta la tête sur le sein de sa mère.

— Ecoute-le, mon fils, dit-elle en pleurant, il risque sa vie, ce cher monsieur Bonnet, en s'engageant à te conduire... Elle hésita et dit : A la vie éternelle?

Puis elle baisa la tête de Jean et la garda sur son cœur.

— Il m'accompagnera? demanda Jean.

Le curé prit sur lui d'incliner la tête.

— Eh bien! je l'écouterai, je ferai tout ce qu'il voudra.

— Tu me le promets, dit Denise, car ton âme à sauver, voilà ce que nous voyons tous. Et puis, veux-tu qu'on dise, dans tout Limoges et dans le pays, qu'un Tascheron n'a pas su faire une belle mort? Enfin, pense donc que tout ce que tu perds ici, tu peux le retrouver dans le ciel où se revoient les âmes pardonnées.

Cet effort surhumain desséeha le gosier de cette héroïque fille. Elle fit comme sa mère, elle se tut, mais elle avait triomphé. Le criminel, jusqu'alors furieux de se voir arracher son bonheur par la justice, tressaillit à la sublime idée catholique si naïvement exprimée par sa sœur. Toutes les femmes, même une jeune paysanne comme Denise, savent trouver ces délicatesses. N'aiment-elles pas toutes à éterniser l'amour? Elle avait touché deux cordes bien sensibles. L'Orgueil réveillé appela les autres vertus glacées par tant de misère et frappées par le désespoir. Jean prit la main de sa sœur, il la baisa et la mit sur son cœur d'une manière profondément significative ; il l'appuya tout à la fois doucement et avec force.

— Allons, dit-il, il faut renoncer à tout : voilà le dernier battement et la dernière pensée. Recueille-les, Denise ! Et il lui jetait un de ces regards par lesquels, dans les grandes circonstances, l'homme essaie d'imprimer son âme dans une autre âme.

Cette parole, cette pensée étaient tout un testament. Tous ces legs inexprimés qui devaient être aussi fidèlement transmis que fidèlement demandés, la mère, la sœur, Jean et le prêtre les comprirent si bien que tous se cachèrent les uns des autres pour ne pas se montrer leurs larmes et pour se garder le secret sur leurs idées. Ce peu de mots était l'agonie d'une passion, l'adieu d'une âme aux plus belles choses terrestres, en pressentant une renonciation catholique. Aussi le curé avait cu par la majesté de toutes les grandes choses humaines, même criminelles, jugea-t-il de cette passion inconnue par l'étendue de la faute : il leva les yeux comme pour invoquer la grâce de Dieu. Là, se révélaient les touchantes consolations et les tendresses infinies de la Religion catholique, si humaine, si douce; de la main qui descend jusqu'à l'homme pour lui expliquer la loi des mondes supérieurs, si absolue, si éthérée de celle qu'elle lui tend pour le relever, pour le conduire au ciel; mais Denise venait d'indiquer mystérieusement au curé l'endroit par où le rocher céderait, la cassure par où se précipiteraient les eaux du repentir. Tout-à-coup ramené par les souvenirs qu'il évoquait ainsi, Jean jeta le cri glacial de la hyène surprise par des chasseurs.

— Non, non, s'écria-t-il en tombant à genoux, je veux vivre. Ma mère, prenez ma place, donnez-moi vos habits, je saurai m'évader. Grâce, grâce! allez voir le roi, dites-lui...

Il s'arrêta, laissa passer un rugissement horrible, et s'accrocha violemment à la soutane du curé.

— Partez, dit à voix basse monsieur Bonnet aux deux femmes accablées.

Jean entendit cette parole, il releva la tête, regarda sa mère, sa sœur, leur baisa les pieds.

— Disons-nous adieu, ne revenez plus, laissez-moi seul avec monsieur Bonnet, ne vous inquiétez plus de moi, leur dit-il en serrant sa mère et sa sœur par une étreinte où il semblait vouloir mettre toute sa vie.

— Comment ne meurt-on pas de cela, dit Denise à sa mère en atteignant au guichet.

Il était environ huit heures du soir quand cette séparation eut lieu, et lorsque Jean demeura seul avec l'ami de sa famille, le curé de Montégnac. A la porte de la prison, les deux femmes trouvèrent l'abbé de Rastignac qui leur demanda des nouvelles du prisonnier.

— Il se réconciliera sans doute avec Dieu, dit Denise. Si le repentir n'est pas encore venu, il est bien proche.

L'évêque apprit quelques instans après, que le clergé triompherait en cette occasion, et que le condamné marcherait au supplice dans les sentimens religieux les plus édifians. L'évêque, auprès de qui se trouvait le procureur-général, manifesta le désir de voir le curé.

Monsieur Bonnet ne vint pas à l'évêché avant minuit. L'abbé Gabriel, qui faisait souvent le voyage de l'évêché à la geôle, jugea nécessaire de prendre le curé dans la voiture de l'évêque, le pauvre prêtre était dans un état d'abattement qui ne lui permettait pas de se servir de ses jambes. La perspective de sa rude journée le lendemain et les combats secrets dont il avait été témoin, le spectacle du complet repentir qui avait enfin foudroyé son ouaille long-temps rebelle quand le grand calcul de l'éternité lui fut démontré, tout s'était réuni pour briser monsieur Bonnet dont la nature nerveuse, électrique, se mettait facilement à l'unisson des malheurs d'autrui. Les âmes qui ressemblent à cette belle âme épousent si vivement les impressions, les misères, les passions, les souffrances de ceux auxquels elles s'intéressent, qu'elles les ressentent en effet, mais d'une manière horrible, en ce qu'elles peuvent en mesurer l'étendue qui échappe aux gens aveuglés par l'intérêt du cœur ou par le paroxisme des douleurs. Sous ce rapport, un prêtre comme monsieur Bonnet est un artiste qui sent, au lieu d'être un artiste qui juge.

Quand le curé se trouva dans le salon de l'évêque, entre les deux grands-vicaires, l'abbé de Rastignac, monsieur de Grandville, et le procureur-général, il crut entrevoir qu'on attendait quelque nouvelle chose de lui.

— Monsieur le curé, dit l'évêque, avez-vous obtenu quelques aveux que vous puissiez confier à la justice pour l'éclairer, sans manquer à vos devoirs ?

— Monseigneur, pour donner l'absolution à ce pauvre enfant égaré, je n'ai pas seulement attendu que son repentir fût aussi sincère et aussi entier que l'Église puisse le désirer, j'ai encore exigé que la restitution de l'argent eût lieu.

— Cette restitution, dit le procureur-général, m'amenait chez monseigneur, elle se fera de manière à donner des lumières sur les parties obscures de ce procès. Il y a certainement des complices.

— Les intérêts de la justice humaine, reprit le curé, ne me regardent point. J'ignore où, comment se fera la restitution, mais elle aura lieu. En m'appelant auprès d'un de mes paroissiens, monseigneur m'a replacé dans les conditions absolues qui donnent aux curés, dans l'étendue de leur paroisse, les droits qu'exerce monseigneur dans son diocèse, sauf les cas de discipline et d'obéissance ecclésiastiques.

— Bien, dit l'évêque, il ne s'agit pas de cela, mais d'obtenir du condamné des aveux volontaires en face de la justice.

— Ma mission est d'acquérir une âme à Dieu, répondit monsieur Bonnet.

Monsieur de Grancour haussa légèrement les épaules, mais l'abbé Dutheil hocha la tête en signe de haute approbation.

— Tascheron veut sauver quelqu'un que la restitution ferait connaître, dit le procureur-général.

— Monsieur, dit le curé, je ne sais absolument rien qui puisse ni démentir ni autoriser votre soupçon. Le secret de la confession est d'ailleurs inviolable.

— La restitution aura donc lieu? dit l'homme de la justice.

— Oui, dit l'homme de Dieu.

— Cela me suffit, dit le procureur-général, qui se fia sur l'habileté de la police pour saisir des renseignemens, comme si les passions et l'intérêt personnel n'étaient pas plus habiles que toutes les polices.

Le lendemain, jour du marché, Jean-François Tascheron fut conduit au supplice, comme le désiraient les âmes pieuses et politiques de la ville. Exemplaire de modestie et de piété, il baisait avec ardeur un crucifix que lui tendait monsieur Bonnet d'une main défaillante. On examina beaucoup le malheureux dont les regards furent espionnés par tous les yeux. Les arrêterait-il sur quelqu'un dans la foule ou sur une maison? Sa discrétion fut complète, inviolable. Il mourut en chrétien, repentant et absous.

Le pauvre curé de Montégnac fut emporté sans connaissance au pied de l'échafaud, quoiqu'il n'eût pas aperçu la fatale machine.

Madame Graslin qui accoucha, comme elle l'avait présumé, pendant l'exécution, demeura sept à huit mois entre la vie et la mort.

CHAPITRE QUINZIÈME.

Denise.

Pendant la nuit, le lendemain, à trois lieues de Limoges, en pleine route, et dans un endroit désert, Denise, quoique épuisée de fatigue e de douleur, supplia son père de la laisser revenir à Limoges avec Louis-Marie Tascheron, l'un de ses frères.

— Que veux-tu faire encore dans cette ville? répondit brusquement le père en plissant son front et contractant ses sourcils.

— Mon père, lui dit-elle à l'oreille, non seulement nous devons payer l'avocat qui l'a défendu, mais encore il faut restituer l'argent qu'il a caché.

— C'est juste, dit l'homme probe en mettant la main dans un sac de cuir qu'il avait sur lui.

— Non, non, fit Denise, il n'est plus votre fils. Ce n'est pas à ceux qui l'ont maudit, mais à ceux qui l'ont béni de récompenser l'avocat.

— Nous vous attendrons au Havre, dit le père.

Denise et son frère rentrèrent en ville avant le jour, sans être vus. Quand, plus tard, la police apprit leur retour, elle ne put jamais savoir où ils s'étaient cachés.

Denise et son frère montèrent vers les quatre heures à la haute ville en se coulant le long des murs. La pauvre fille n'osait lever les yeux, de peur de rencontrer des regards qui eussent vu tomber la tête de son frère. Après avoir été chercher le curé Bonnet, qui, malgré sa faiblesse, consentit à servir de père et de tuteur à Denise en cette circonstance, ils se rendirent chez l'avocat qui demeurait rue de la Comédie.

— Bonjour, mes pauvres enfans, dit-il en saluant monsieur Bonnet, à quoi puis-je vous être utile? Vous voulez peut-être me charger de réclamer le corps de votre frère.

— Non, monsieur, dit Denise en pleurant à cette idée qui ne lui était pas venue, je viens pour nous acquitter envers vous, autant que l'argent peut acquitter une dette éternelle.

— Asseyez-vous donc, dit l'avocat en remarquant alors que Denise et le curé restaient debout.

Denise se retourna pour prendre dans son corset deux billets de cinq cents francs, attachés avec une épingle à sa chemise, et s'assit en les présentant au défenseur de son frère. Le curé jetait sur l'avocat un regard étincelant qui se mouilla bientôt.

— Gardez, dit l'avocat, gardez cet argent pour vous, ma pauvre fille, les riches ne paient pas si généreusement une cause perdue.

— Monsieur, dit Denise, il m'est impossible de vous obéir.

— L'argent ne vient pas de vous? demanda vivement l'avocat.

— Pardonnez-moi, répondit-elle en regardant monsieur Bonnet, pour savoir si Dieu ne s'offensait pas de ce mensonge.

Le curé tenait ses yeux baissés.

— Eh bien! dit l'avocat en gardant un billet de cinq cents francs et tendant l'autre au curé, je partage avec les pauvres. Maintenant, Denise, échangez ceci qui certes est bien à moi, dit-il en lui présentant l'autre billet, contre votre cordon de velours et votre croix d'or, je la suspendrai à ma cheminée en souvenir du plus pur et du meilleur cœur de jeune fille que j'observerai sans doute dans ma vie d'avocat.

— Je vous la donnerai sans vous la vendre, s'écria Denise en passant sa jeannette au-dessus de sa tête et la lui offrant.

— Eh bien! dit le curé, monsieur, j'accepte les cinq cents francs pour servir à l'exhumation et au transport de ce pauvre enfant dans le cimetière de Montégnac. Dieu sans doute lui a pardonné. Jean pourra se lever avec tout mon troupeau au grand jour où les justes et les repentis seront appelés à la droite du Père.

— D'accord, dit l'avocat. Il prit la main de Denise, et l'attira vers lui pour la baiser au front; mais ce mouvement avait un autre but.

— Mon enfant, lui dit-il, personne n'a de billets de cinq cents francs à Montégnac, ils sont assez rares même à Limoges, où personne ne les reçoit sans escompte : cet argent vous a donc été donné, vous ne me direz pas par qui, je ne vous le demande pas; mais écoutez-moi? S'il vous reste quelque chose à faire dans cette ville relativement à votre pauvre frère, prenez garde! Monsieur Bonnet, vous et votre frère, vous serez surveillés par des espions. Votre famille est partie, on le sait. Quand on vous verra ici, vous serez entourés sans que vous puissiez vous en douter.

— Hélas! dit-elle, je n'ai plus rien à faire ici.

— Elle est prudente, se dit l'avocat en la reconduisant. Elle est avertie, ainsi qu'elle s'en tire.

Dans les derniers jours du mois d'octobre 1828, qui furent aussi chauds que des jours d'été, l'évêque avait donné à dîner aux autorités de la ville. Parmi les invités se trouvaient le procureur du roi et le premier avocat-général. Quelques discussions animèrent la soirée et la prolongèrent jusqu'à une heure indue. On joua au whist et au tric-trac, le jeu qu'affectionnent les évêques. Vers onze heures du soir, le procureur du roi se trouvait sur les terrasses supérieures. Du coin où il était, il aperçut une lumière dans cette île, qui, par un certain soir, avait attiré l'attention de l'abbé Gabriel et de l'évêque, l'île de Véronique enfin. Cette lueur lui rappela les mystères inexpliqués du crime commis par Tascheron. Puis, ne trouvant aucune raison pour qu'on fît du feu sur la Vienne à cette heure, l'idée secrète qui avait frappé l'évêque et son secrétaire le frappa d'une lueur aussi subite que l'était celle de l'immense foyer qui brillait dans le lointain.

— Nous avons tous été de grands sots, s'écria-t-il, mais nous tenons les complices.

Il remonta dans le salon, chercha monsieur de Grandville, lui dit quelques mots à l'oreille; puis tous deux disparurent. L'abbé de Rastignac les suivit par politesse, il épia leur sortie, les vit se dirigeant vers la terrasse, et il remarqua le feu au bord de l'île.

— Elle est perdue, pensa-t-il.

Les envoyés de la justice arrivèrent trop tard. Denise et Louis-Marie, à qui Jean avait appris à plonger, étaient bien au bord de la Vienne, à un endroit indiqué par Jean; mais Tascheron avait déjà plongé quatre fois, et chaque fois il avait ramené vingt mille francs en or. La première somme était contenue dans un foulard noué par les quatre bouts. Ce mouchoir, aussitôt tordu pour en exprimer l'eau, avait été jeté dans un grand feu de bois sec allumé d'avance. Denise ne quitta le feu qu'après avoir vu l'enveloppe entièrement consumée. La seconde enveloppe était un châle, et la troisième un mouchoir de batiste. Au moment où elle jetait au feu la quatrième enveloppe, les gendarmes, accompagnés d'un commissaire de police, saisirent cette pièce importante, que Denise laissa prendre sans manifester la moindre émotion. C'était un mouchoir sur lequel, malgré le séjour dans l'eau, il y avait quelques traces de sang. Questionnée aussitôt sur ce qu'elle venait de faire, elle dit avoir retiré de l'eau l'or du vol d'après les indications de son frère. Le commissaire lui demanda pourquoi elle brûlait les enveloppes, elle répondit qu'elle accomplissait une des conditions imposées par son frère. Quand on demanda de quelle nature étaient les enveloppes, elle répondit hardiment et sans aucun mensonge : — Un foulard, un mouchoir de batiste et un châle.

Le mouchoir qui venait d'être saisi appartenait à son frère.

Cette pêche et ses circonstances firent grand bruit dans la ville de Limoges. Le châle surtout confirma la croyance où l'on était que Tascheron avait commis son crime par amour

— Après sa mort, il la protège encore, dit une dame à madame Graslin en lui apprenant ces dernières révélations si habilement rendues inutiles.

— Il y a peut-être dans Limoges un mari qui trouvera chez lui un foulard de moins, mais il sera forcé de se taire, dit en souriant monsieur Graslin.

— Les erreurs de toilette deviennent si compromettantes que je vais vérifier dès ce soir ma garde-robe, dit en souriant la vieille madame Perret.

— Quels sont les jolis petits pieds dont la trace a été si bien effacée? demanda monsieur de Grandville.

— Bah! peut-être ceux d'une femme laide, répondit Graslin.

— Elle a payé chèrement sa faute, reprit l'abbé Dutheil.

— Savez-vous ce que prouve cette affaire, s'écria l'avocat-général. Elle montre tout ce que les femmes ont perdu à la révolution qui a confondu les rangs sociaux. De pareilles passions ne se rencontrent plus que chez les hommes qui voient une énorme distance entre eux et leurs maîtresses.

— Vous donnez à l'amour bien des vanités, répondit madame Graslin en tournant vers ses amis sa tête amaigrie.

Dans un autre salon de Limoges, il se passait une scène presque comique. Les amis des des Vanneaulx venaient les féliciter sur la restitution de leur héritage.

— Eh bien ! on aurait dû faire grâce à ce pauvre homme, disait madame des Vanneaulx. L'amour et non l'intérêt l'avait conduit là : il n'était ni vicieux ni méchant.

— Il a été plein de délicatesse, dit le sieur des Vanneaulx, *et si je savais où est sa famille, je les obligerais.* C'est de braves gens ces Tascheron.

FIN DU PREMIER VOLUME.

ERRATA.

Aux pages 60, 98 et 202, *lisez* l'Ile-de-France *au lieu de* l'Ile-Bourbon.

109, ligne 13, *lisez* les bonheurs *au lieu de* le bonheur.

292, ligne 9, *après* anciens, *ajoutez* abus.

308, ligne 3, *lisez* comme ils me l'ont arrangé *au lieu de* comme ils l'ont arrangé.

www.ingramcontent.com/pod-product-compliance
Lightning Source LLC
Chambersburg PA
CBHW060504170426
43199CB00011B/1324